献给紫禁城建成六百周年

单霁翔
带你
走进故宫
宫殿漫步

单霁翔——著
周高亮——摄影

故宫出版社

序

小时候，我家住在四合院里。在我的记忆深处，早已烙印上永远的四合院情结，甚至成为内心对于城市记忆最柔软的地方。后来，我因缘际会来到故宫博物院工作，每天在这个世界上最大的四合院建筑群中行走，感受这里的一草一木、一砖一瓦，仿佛找到了那种久违而又熟悉的惬意。

壮美的紫禁城是中华文化的载体，记载着一代又一代人们的记忆、经历和情感。紫禁城是一个充满故事的地方。明清两代在此发生了无数中国政治、经济、文化、社会史上的重大事件。1925年10月10日，在3000多位社会各界代表的见证下，紫禁城的内廷即皇帝居住的乾清门以内的地方，正式对公众开放。自当日起，紫禁城有了一个崭新的名字——故宫博物院。当天究竟有多少市民进入故宫博物院没有准确的统计，但据老员工回忆，当日下午，观众离去以后，仅从地上捡起被踩掉的鞋就有整整一大筐，说明故宫博物院从开院第一天就格外引人注目。

人们为什么要到故宫博物院来呢？最主要的理由有两条：

第一，它是世界上最大规模的古代木结构宫殿建筑群，是世界文化遗产，在它周围设置了14平方千米的缓冲区，不能建设高楼大厦，以保证景观的完整与和谐。壮美的建筑、严谨的形制、壮丽的彩绘，都表明它是中国官式古建筑的最高典范。这其中还有很多生动的空间、精美的装饰、独特的色彩、真实的信息、典雅的园林，使紫禁城充满了历史感、时代感，构成丰富多彩的文化景观，整体形成一个和谐的环境。

第二，其所收藏的文物藏品是中华五千年文明的重要载体和见证。论时代，上自新石器时代，下至宋、元、明、清直至近现代；论范围，囊括了古代中国各个地域的文明精华，包容了汉族和古代许多少数民族的艺术精粹；论类别，包含了中国古代艺术品的所有门类；论国别，包含了科技仪器、西洋钟表等来自英国、法国、德国、瑞士等国的外国文物。而且，故宫博物院院藏文物大多为清宫旧藏，传承有绪、保存完好、品相精美，具有极高的历史、文化、艺术价值。

故宫博物院是一个活态的生命体，每一件文物都是一段精彩的历史，都记载着曾经的辉煌；每一件文物的背后都有一个个鲜活的灵魂，都有动人的故事。随着人们文化生活需求的增长，越来越多的观众开始走进博物馆，丰富自己的文化生活。虽然故宫博物院一到节假日就会迎来满员的观众，但每年能到故宫博物院来参观的人也只是世界人口中很少的一部分，所以要通过赴国内外的临时展览，以及数字技术成果、文化创意产品等更多的方式，使人们了解故宫文化。

我总说自己是一个"看门人"，在尽职尽责的同时给大家讲讲故事，这应该符合人们对"看门人"的普遍认知。我用三本书的篇幅，给大家讲述关于故宫博物院的三大类故事。一是关于故宫博物院的古建筑；二是关于故宫博物院的珍藏文物；三是关于与故宫博物院有关的人。

故宫博物院是中国文化遗产的守护者与传承者，也是中国文化对外交往的一张亮丽名片。中华民族绵延不断的历史文化，在故宫博物院的各类文物藏品里均能得到印证。紫禁城有丰富的文物收藏，这些文物所体现的是中国艺术的最高水平。例如建筑艺术体现中国传统砖木结构的鲜明特点，完全不同于西方的砖石结构建筑；绘画艺术往往表现人们内心世界而具有民族特色，不同于西方的油画；书法艺术作为深奥的艺术形式，在全世界独一无二；瓷器、珐琅器等制造技术，玉雕、木雕、石雕等雕刻艺术，体现东方文化的审美特点；戏剧和音乐文物也都展现出很高的民族文化艺术境界。自古"得人者兴"，故宫古建筑的维修保护、故宫文物藏品的保管展陈、故宫学的研究弘扬都离不开一代代"故宫人"的努力付出，离不开有识之士的鼎力相助，离不开公众共同担起的保护遗产、传承文化的重任。故宫是全体民众的故宫，实现"平安的故宫、学术的故宫、完整的故宫、强大的故宫"，是张忠培老院长的重托，也是全体民众共同的愿望，需要我们共同来完成。

2020年，紫禁城迎来了它600岁的"生日"。建成于1420年的紫禁城，曾经居住过明、清两代24位皇帝，490余年间曾经是中国的政治中心，目前收藏着1862690件文物。在实现"中国梦"的宏大背景下，"故宫人"所有的努力，都是为了实现共同的"故宫梦"——把壮美的紫禁城完整地交给下一个600年。这句曾经的口号，经过大家的不懈努力终于得以实现！

当年纪录片《我在故宫修文物》引发热议，年轻人对"择一事终一生"精神的认可，给了我们很大的鼓舞。也许正是因为这种精神，使故宫博物院变得更接地气、更有人气，也使"故宫人"变得老少皆迷，有了社会各界的关心支持，想来600岁的紫禁城更可以驻颜有术，青春不老，健康地迎接下一个600年，再一个600年……

希望每一位看过这三本书的读者，都能够感受到中华文化遗产的厚重底蕴，感受到故宫博物院的文化气息。

篇三　外朝东西两翼 ……053

第七话　四库渊源文华殿 054

第八话　皇家修书武英殿 058

第九话　中西合璧宝蕴楼 062

篇四　内廷中路 069

第十话　辅弼决策军机处 070

第十一话　前后分界乾清门 074

第十二话　正大光明乾清宫 078

第十三话　恒久咸和交泰殿 086

第十四话　皇后中宫坤宁宫 090

第十五话　奇石异树御花园 094

篇五　内廷内东路 101

第十六话　庭院深深东六宫 102

目录

写在前面的话 ………… 015

篇一 城池 ………… 019

第一话 世界文化遗产 古代建筑博物馆 ………… 020

第二话 风雨沧桑话城墙 ………… 024

第三话 紫禁城正门在午门 ………… 028

篇二 外朝中路 ………… 033

第四话 威严雄伟太和门 ………… 034

第五话 金銮宝殿太和殿 ………… 040

第六话 中和殿与保和殿 ………… 046

篇八 内廷外西路

- 第二十七话 兰殿颐和慈宁宫 ………… 216
- 第二十八话 礼佛休憩慈宁宫花园 ………… 222
- 第二十九话 太后尊养寿康宫 ………… 226
- 第三十话 皇家饮食御膳房 ………… 234

篇九 古建筑的门道

- 第三十一话 古建群芳览四周 ………… 240
- 第三十二话 非凡技艺传承久 ………… 246
- 第三十三话 雨天畅流有窍门 ………… 252
- 第三十四话 故宫里的『猫侍卫』 ………… 258

代后记 『平安故宫』保平安 ………… 262

附录 紫禁城建筑大事记 ………… 278

篇六 内廷内西路 ……139

第十七话　太子宫殿毓庆宫 …… 126

第十八话　敬天克己在斋宫 …… 130

第十九话　帝王家庙奉先殿 …… 134

第二十话　史迹沉沉西六宫 …… 140

第二十一话　理政决策养心殿 …… 168

第二十二话　尧天舜日重华宫 …… 178

第二十三话　复建杰作建福宫花园 …… 182

篇七 内廷外东路 ……187

第二十四话　归政颐养宁寿宫 …… 188

第二十五话　园林典范乾隆花园 …… 198

第二十六话　丝竹雅乐畅音阁 …… 208

写在前面的话

人们为什么要到故宫博物院来呢？古建筑群肯定是一大看点。

故宫是世界上规模最大的古代木结构建筑群，也是世界上规模最大的宫殿建筑群。

紫禁城南北长961米，东西宽753米，四面围有高9.9米的城墙，城外有宽52米的护城河，真可谓有金城汤池之固。设有四座城门，南面为午门，北面为神武门，东面为东华门，西面为西华门。城墙的四角各有一座风姿绰约的角楼，民间有"九梁十八柱七十二条脊"之说，形容其结构的复杂。紫禁城内的建筑分为外朝和内廷两部分。外朝的中心为太和殿、中和殿、保和殿，是国家举行典礼的地方。三大殿左右两翼辅以文华殿、武英殿两组建筑。内廷的中心是乾清宫、交泰殿、坤宁宫，是皇帝和皇后居住的正宫，其后为御花园。后三宫两侧排列着东、西六宫，是后妃们居住的地方。东六宫的东侧是天穹宝殿等佛堂建筑，西六宫的西侧是中正殿等佛堂建筑。外朝、内廷之外还有外东路、外西路两部分建筑。

古都北京有一条清晰的传统中轴线，从永定门到钟楼共7.8千米，气势磅礴、虚实结合。在这条中轴线上最壮观的建筑，莫过于紫禁城的庞大建筑群。经过详细统计，故宫博物院所管理的古代建筑数量共计9046间。故宫是世界文化遗产，其周围设置了14平方千米的缓冲区，不能建设影响故宫历史环境的建设项目，以保证文化景观的完整与和谐。

壮美的建筑、严谨的形制、绚丽的彩绘，都表明紫禁城是中国官

式古建筑的最高典范,其中还有很多生动的空间、精美的装饰、独特的色彩、真实的信息、典雅的园林,都使它充满了历史积淀。同时,紫禁城与景山、北海等一起构成城市天际线,形成整体和谐的景观环境。

在这本书里,我将带领大家逛逛紫禁城,让我们看看这些巧夺天工的古代建筑,这其中既凝结着明清建筑工匠们的智慧,也有我们当代古建修复者的心血。

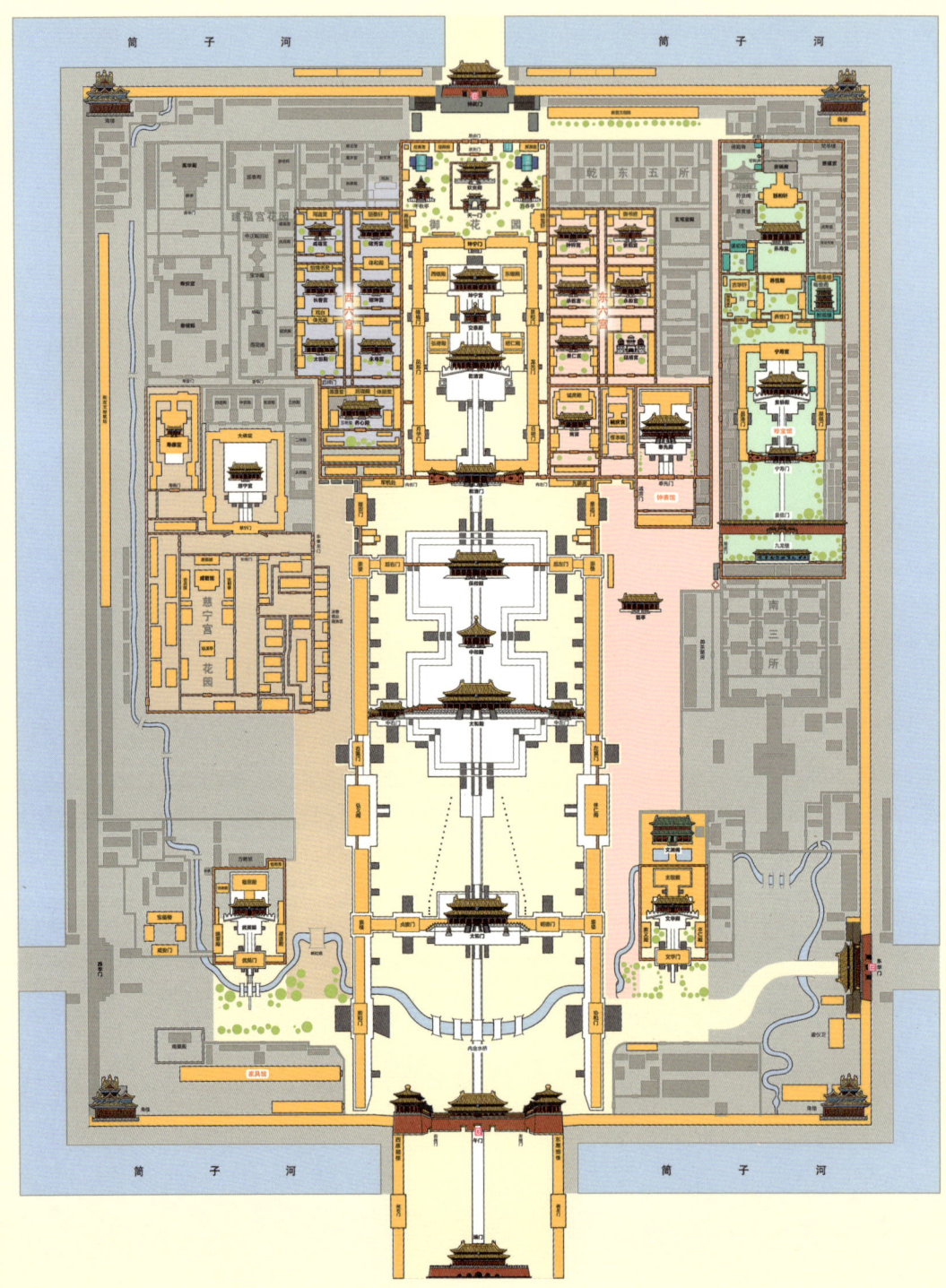

篇一 城池

紫禁城气势雄伟,城池呈长方形,
南北长961米,东西宽753米,墙高9.9米,
环城四开门,城门楼大气磅礴,
城墙四角造型独特的四个角楼巍然耸立,
城墙外是52米宽的护城河。

第一话 世界文化遗产古代建筑博物馆

这里是充满魅力的地方，也是充满故事的地方。

自明永乐皇帝于1420年建成至今，紫禁城已有600年的历史。作为明、清两代皇宫，曾有24位皇帝在此居住。故宫里的每一组院落、每一座宫殿建筑、每一扇朱漆大门、每一段石板桥梁、每一块青砖黄瓦、每一件宫廷陈设、每一幅梁枋彩画都承载着丰富的历史文化信息，讲述着发生其中的过往。故宫博物院展示给大众的第一件"文物"，就是世上现存规模最大、保存最完整的木结构古代宫殿建筑群，代表着中国传统官式建筑的最高成就。

中国古建筑的特色是通过群体组合展现魅力。故宫这座世界上现存规模最大、保存最完整的古代木结构宫殿建筑群，在72万平方米的紫禁城城墙范围内，共由1050座古代建筑，8750间古代房屋，遵照特定规律有序组成，在整体上形成一部气势宏伟的壮美建筑乐章。故宫古建筑给人们的印象是在层层黄色琉璃覆盖下的红色大殿，宫殿下是带有光影的白色高台。紫禁城的色彩组合看

图上 以蓝天为背景,层层黄色琉璃覆盖下是红色的大殿,宫殿下是带有光影的白色高台

图下 故宫是全国重点文物保护单位

上去虽然简单,但是却极具魅力,红色的墙壁、黄色的屋顶和蓝色的天空,这是色彩中的三原色,这三种颜色可以调出一切颜色,从而为紫禁城增添了无尽的风采。

故宫古建筑群既有深厚的历史价值,又有鲜明的艺术价值。从历史价值上说,明、

单霁翔带你走进故宫
宫殿漫步

紫禁城位于北京城中轴线上，站在午门内望去，中轴线上前方是太和门

清两代共24位皇帝在此生活，并处理关系到历史发展进程的政务，因此，故宫古建筑群同时也是490余年间中国历史上无数重大事件的重要见证。故宫古建筑群历史价值的另一个重要组成部分是建筑群所体现的中国古代传统社会观念，如"三朝五门""左祖右社""面朝后市"等中国古代宫殿布局理念，皇权至上、等级森严的传统礼制，"非壮丽无以助威"的美学思想，阴阳五行和宗教禁忌等。从艺术价值上说，清晰的轴线、开阔的格局、壮美的建筑、严谨的形制、绚丽的彩绘以及和谐的环境，代表着中国古代建筑的高度艺术成就和鲜明艺术特色。

紫禁城位于北京城中轴线上。在中国传统建筑中，中轴线是统率城市空间全局的主线，其他建筑都在中轴线的两侧对称展开。北京城这条传统中轴线长达7.8千米，是世界上最壮美的城市中轴线，而紫禁城建筑则是这条中轴线上最精彩的部分。

有人把故宫当成旅游景点，也有人将故宫看作世界文化遗产地，都不尽然。这里还是一座博物馆！到今天，这个基于明、清皇宫及其收藏而建立起来的国家级博物馆，已经走过整整95年的历程。从最开始的清室善后委员会，到1925年初创故宫博物院，从战火纷飞中的宝物南迁和战后回迁，到新时期全面建设博物馆，不到百年的光阴中，"故宫人"经历了无数艰辛与磨难，才呈现给大家这样一座宏伟的紫禁城。这光阴里，同样充满了大量生动的故事和精彩的瞬间。

太和殿广场

小贴士

故宫开放时间

每年4月到10月是旺季，早上8点30分开放进馆，下午4点10分停止入馆，下午5点闭馆。

每年11月到次年3月是淡季，早上8点30分开放进馆，下午3点40分停止入馆，下午4点30分闭馆。

本书所涉及的开放区域，具体开放时间、开放方式，请参见故宫博物院官方通知。

当你踏入午门正门，一段奇妙的博物馆之旅已经开始，故宫古建筑群构成了独一无二的博物馆空间格局，院内设有原状陈列、常设专馆、专题展览三大类，每年举办约40个展览，展出的文物数量在1万件左右。同时，故宫博物院还举办各类涉外展览，包括境外、境内的展览每年20余次，让全国乃至世界各地的观众了解故宫藏品、故宫文化。

壮美的紫禁城让我为之深深着迷。这里，高低错落的庭院各异、春夏秋冬的景致不同，红墙黄瓦碧水环绕、山石花木点缀其间，移步换景、韵味不同。清晨的空旷宁静，黄昏的温暖安详，雨季的烟雨迷蒙，雪后的纯净肃穆，都让我为之沉醉。这里是世界上最令人向往的地方，永远属于全人类。

第二话

风雨沧桑话城墙

故宫的城墙是可以游览的。当您从午门走进故宫,上到午门城楼,就能看见已经开放给广大观众游览的城墙。沿着城墙由南往北,可以到达东华门。同时,北边的神武门也开放了一段城墙。登上神武门,由北往南,也可以到达东华门。紫禁城城墙高9.9米,是昔日皇宫的屏障,它的外面还有52米宽的护城河,使紫禁城戒备森严,当时普通民众不得入内;而今天城墙也成为故宫开放区的一部分,每天迎接着来自世界各地的观众。

已经开放的一段城墙

中国城墙的各种物质形态经过数千年的发展、传承和演进,到明清时代已臻于高度成熟,紫禁城城墙即是明清官式建筑城墙类建筑的典范,蕴含了古代军事政治制度、

多姿多彩的角楼

工程技术与材料等信息，是中华民族珍贵的文化遗产，具有极高的历史、科学和艺术价值。紫禁城城墙始建于明永乐四年（1406年），建成于明永乐十八年（1420年），至今已有600年的历史，是我国现存规模最大、保存最完整的皇家宫殿城墙，在中国筑城史上占据极其重要的地位。紫禁城城墙总长度为3437.6米（城墙墙脚外沿），不含城台的总长度为2914.3米，城墙顶宽6.63米，底宽8.55米，高9.9米，主体结构为内以夯土为核心，外包砖砌体形式。紫禁城城墙在四个方向开有四座城门，分别为午门、东华门、西华门和神武门，城门由城台和城楼组成，城墙四隅建有角楼，四个城门和四个角楼城台总面积为16750平方米。

历史上紫禁城城墙多次出现险情而加以维修。例如明万历三十五年（1607年），下雨导致东华门内城墙坍塌；清康熙十八年（1679年），地震导致城墙多处坍塌；清乾隆三十年（1765年），东、西华门以北城墙地面坍塌处进行修葺；清乾隆四十一年（1776年），从山东临清进砖30万块，对城墙进行整体维修。中华人民共和国成立以

来，对紫禁城城墙也进行过多次维修。例如1981年至1984年，开展了紫禁城城墙维修工程；1990年，对西华门以北的150米城墙坍塌部分进行修缮；1999年，结合筒子河治理工程，进行城墙维修工程。

城墙建筑形制反映城墙本体自身结构特点，具有丰富的文物信息，包括城墙的原工艺、原材料、原做法，是城墙保存状态调查、城墙病害研究、城墙变形破坏机理分析、城墙稳定性评价的基础，也是城墙加固维修设计的基本依据。城墙建筑形制的准确性，决定了其他研究分析的准确性和可靠性。

紫禁城城墙为典型的"外包砖砌块的土质实心结构"，内部为人工夯填土，城墙顶面、内侧、外侧均为包砖。典型断面的调查主要是查清楚外侧砖墙和顶面海墁的厚度，以及外墙的收分角度。根据《紫禁城城墙保护研究课题》研究成果，城墙内外侧砖墙厚度均为1.2—1.3米，上下等厚，整体收分10%左右，内部为夯填土。城墙顶面层砖厚度不完全一致，午门至西南角楼厚度为2.8—4.8米，且愈靠近西南角楼愈厚；西南角楼至西华门段厚度2.8—4.6米。

通过东南角楼的地基基础局部探坑勘察，查明城台基础为：在垂直方向上，墙下条石，砖砌墩台，其下为垂直交叉设置的圆木筏板，接下来是碎砖渣垫层，其下为

桩基础，桩间土为粉质黏土。在水平方向上，砖砌墩台外侧至少在2.03米的范围内，设置碎砖黏土层，非常密实坚硬。地基基础整体完好，未见明显的变形破坏。

紫禁城城墙上一度植物滋生，总共有32科、60属、79种。其中乔木类、灌木类以及木质藤本类，生命力旺盛且年生长量较大，根系发达，对墙体破坏很大。根据前期研究成果表明，在城墙的顶面、外侧和雉堞内侧、砖缝中都有植物生长。但是分布极不均匀，总体上，无论植物种类还是数量，雉堞内侧最少，城墙外墙次之，顶面最多。在城墙顶面，大部分靠近雉堞两侧植物多，中间少。木本植物以构树、臭椿、桑为主，草本植物种类众多。木本植物根系发育特点为：构树根系浅、侧根分布很广；臭椿根系深且发达，根劈性强，繁殖容易；桑根系发达；榆树适应性很强，根系发达。植被对城墙的破坏，主要是根系破坏了整体结构的完整性和强度，使得灰浆松散，夯土孔洞和砖体变形。随着"紫禁城城墙研究性保护项目"的实施，影响城墙安全的植被问题得到了根本性的解决。

登上紫禁城城墙，可以俯瞰紫禁城，这跟穿梭于建筑群落中的感受又不一样。希望大家有机会来走走、看看。

小贴士

角楼

紫禁城四隅城台上的亭式建筑。明永乐十八年（1420年）建成，清代重修，可作为瞭望警戒的城防设施。平面呈曲尺形，三重檐，自城台台面至角楼宝顶，通高27米，四面各3间，明间出抱厦，面向城台面之两面各开一门，其余皆为槛窗，三交六椀菱花隔扇门窗。屋顶为纵横相交十字歇山顶，上覆黄琉璃瓦，中放置铜镏金宝顶。角楼结构复杂，有"九梁十八柱七十二条脊"之说，间以蓝、绿为主调的旋子彩画，黄琉璃瓦，朱漆门窗，白石台基。

护城河

宫城外，环绕紫禁城的河。宽52米，深6米，条石垒砌岸，坚固陡直。清朝的时候，护城河中种植了莲藕，莲花、莲子、藕都可供宫中使用，用不完的会拿去外面卖掉，收得的银子存在奉宸苑备用。

第三话 紫禁城正门在午门

我们来故宫博物院参观游览，要进的第一道门就是紫禁城的正门——午门。这座高大的城门为什么叫午门？因为整座紫禁城是坐北朝南的，古人以"子"为正北，以"午"为正南，而午门正好在正南方，所以叫午门。

午门的外观有点特殊。《古诗十九首》有这样一句诗："两宫遥相望，双阙百余尺。"午门的两侧各有一座突出的墩台，这样午门的主楼就像凹进去了一样，这种形式就是古代宫门的"双阙"。"阙，观也"，登上宫阙，可以望远，所以也称为"观"。午门两侧的高台，更突显了皇家建筑的威仪。

大家进门的时候可以数数，午门有几个门。最显眼的当然有三个。正门居中，只有皇帝能走。文武官员从东侧门出入，宗室王公从西侧门出入。午门还有两个门，从正面是看不见的。您得走进来，再回头看，就能看见两个隐藏的门。这叫"明三暗五"。这两个门叫掖门。左右掖门只有在举行大型活动时才会打开。比如说，举行大朝会时，文官走东侧，武官走西侧，分别由左右掖门鱼

图上
午门旧影

图下
午门的两侧各有一座突出的墩台

贯而入。举行殿试时，按会试结果所排的名次，由鸿胪寺官导引，排名单数走左掖门，排名双数走右掖门进入。

午门的墩台高12米，墩台上正中建门楼，面阔9间，进深5间，重檐庑殿黄琉璃瓦顶。自地面至正吻通高37.95米，是紫禁城内最高的建筑。

正楼的两侧，有钟鼓亭各3间。皇帝到太庙祭祀的时候，鼓亭里的大鼓会被敲响。皇帝去天坛、地坛祭祀，出宫的时候，钟鼓齐鸣。

明清的时候，又把午门叫作"五凤楼"。凤凰是百鸟之王，也是具有吉祥寓意的鸟，用"五凤"来称呼城楼，寄托了人们的美好愿景。

午门的门前御路左设嘉量，右设日晷。门内左右两侧有马道，可上下城墙及城楼。

每年腊月初一，午门会举行"颁朔"典礼。古时候日历的制定是一件大事，因为农业生产要依靠日历做指导。最初颁布日历并

午门有五个门

篇一 城池

小贴士

明代宫禁守卫制度
紫禁城四门为出入紫禁城的要道,分别是午门(南)、玄武门(清代称神武门,北)、东华门(东)、西华门(西)。明代城墙外围有守卫值房,称为红铺。红铺的守卫每天晚上起更时分传铃巡警,自阙右门第一铺发铃,守卫提着铃摇到第二铺,第二铺再传递下去,经西华门、玄武门、东华门,回到阙左门,这样就巡视了一周。

不会颁布一整套日历,而是公布每个月朔日的安排。朔日确定了,一年的日历就能推演出来。所以这个典礼叫"颁朔"。东汉以后,开始颁布一整套日历,"颁朔"逐渐变成了"颁历",但人们习惯上还是称之为"颁朔"大典。"颁朔"大典的主旨是由皇帝确认新一年的历书,然后再以皇帝的名义颁发全国。

午门还有一个重要活动是举行"献俘礼"。每当有大军凯旋,就会在午门举行向皇帝进献俘虏的仪式,一是庆祝胜利,二是颂扬军威。

午门城楼高大威严,每一个踏入紫禁城的人,看到午门,就先感受到了震撼和敬畏。现在,午门的城楼上面经常会有展览对外开放。如果来故宫,可别忘了去城楼上看看展览。

踏进午门,我们就进入紫禁城了。

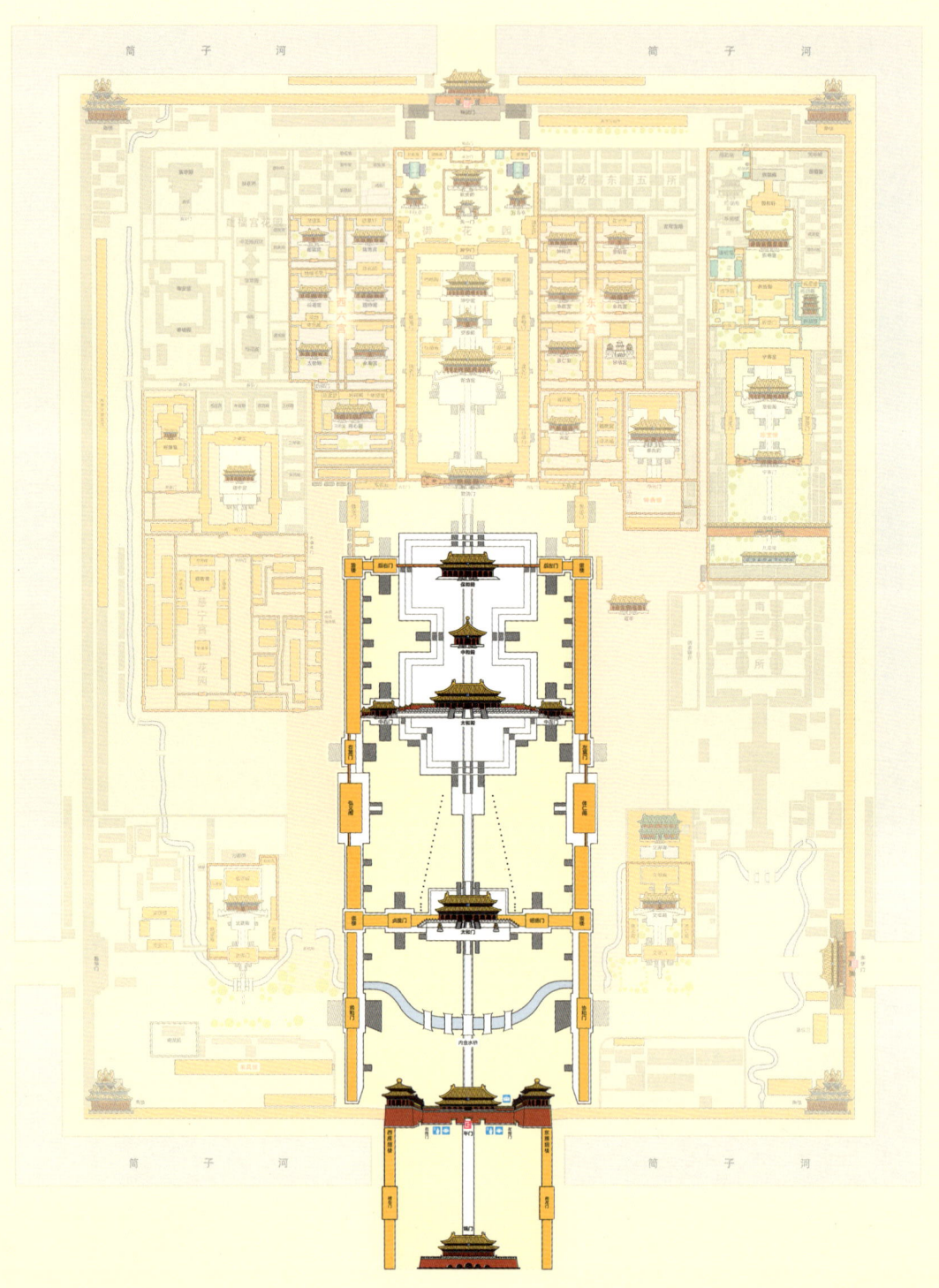

篇二 外朝中路

外朝中路主要包括太和、中和、保和三大殿，
及其前面的太和门、太和门广场和两侧的廊庑，
面积约 80000 平方米，
规模宏大，气势雄伟，装修富丽，
是紫禁城中最突出、最有代表性的建筑群。

第四话 威严雄伟太和门

从午门进入紫禁城,首先映入眼帘的就是雄伟的太和门和宽阔的太和门广场。许多人都会选择站在中轴线上,以太和门为背景,拍下来故宫游览的第一张照片。太和门广场的面积为26000平方米,视野开阔,但局部却不枯燥。这样一个大广场里,有宫殿形制的大门,有河流,有御桥。

太和门是紫禁城外朝正门,初名奉天门,明嘉靖十四年(1535年)改称皇极门,清顺治二年(1645年)始称太和门。顺治三年(1646年)、嘉庆七年(1802年)重修,光绪十四年(1888年)毁于大火,光绪十五年(1889年)重修。

太和门东西面阔7间,南北深2间,两侧有廊子,总共37间。

太和门是一座重檐歇山顶门座,有高大的须弥座式基座,用白石砌成。四周围栏雕龙凤。东西两侧的长廊中各有一座门,通往东华门的叫协和门,通往西华门的叫熙和门。

明代的时候,习惯上把太和门叫"大朝门",是皇帝每日处理政务的地方;清代初期沿袭了这一传统,所以有"御门听政"的

太和门广场

说法。顺治元年（1644年）九月，满族统治者定鼎北京后的第一个皇帝福临即在太和门颁布大赦令。

太和门广场上有一条银河般的河流横穿整个广场，这就是金水河。金水河的水引自玉泉山水系，它从紫禁城的西北入，蜿蜒曲折，到太和门前逐渐拓宽，好像一把巨大的弯弓，弓身正中修建有五座金水桥。正中那座金水桥，就是皇帝通行金水河的御路。

桥上栏杆的望柱用白石雕成，上刻龙云纹，与太和门、太和殿栏杆的等级相同。而其他四座桥，供王公大臣们通行。随着金水河变窄，桥也逐渐变窄缩短。这四座桥的望柱头是火炬形的，名叫"二十四气"。

金水河有三大作用。修建宫城的时候，金水河是建筑用水的主要来源；宫城修好以后，金水河又为宫殿防火提供水源；下雨的时候，还能起到排水的作用。紫禁城北高南

单霁翔带你走进故宫
宫殿漫步

太和门广场上的金水河

太和门广场雪景

篇二　外朝中路

单霁翔带你走进故宫
宫殿漫步

图左 雕刻云龙纹的望柱头
图右 火炬形的望柱头

低，所有院落的积水从地下暗沟流入金水河，再排出紫禁城。

太和门前有一对铜狮子，造型精美，装饰华丽。紫禁城中这样的铜狮子一共有六对，太和门前这对是最大的。这对铜狮子，一只脚踩绣球，另一只踩着小狮子。你们猜一猜，哪只是雄狮，哪只是雌狮？除了铜狮子，这里还有四只铜鼎式炉，都是明代铸造的。

在大铜狮旁，各有一件石制器物。西边是一个大石匮，东边是一个石亭。这两件物品年代久远，清宫的档案中没有关于它们的记录，所以具体用途是什么，还有待学者们去考证。

很多人会问，为什么这么大广场没有树？其实不光太和门广场，沿着中轴线，从午门到御花园南，都没有树木。考据其中原因的文章很多，但还没发现具体的档案材料

图左 太和门前的铜狮子（雄狮）

图右 太和门前的铜狮子（雌狮）

小贴士

望柱

起固定栏板作用的短柱。故宫的台基栏板、桥栏板皆有望柱，其望柱头多雕以龙、凤、狮、二十四气等。

须弥座

又称"金刚座"，后用于等级较高的建筑及坛庙的基座。座身中上有束腰，上下皆有凸凹的水平线脚。雕有各种不同的纹样图案，随建筑等级及用途而定。

说明为什么营建紫禁城之初，不在这些区域内种树。但有一点很直观的感受，相信走进紫禁城的人都能体会到：没有树，视野开阔，能一眼看到建筑的全貌，很有气势。

接下来我们去看紫禁城里最重要的宫殿——太和殿。

第五话 金銮宝殿太和殿

穿过太和门，往北眺望，就能看见金光闪闪的太和殿，又称"金銮殿"。太和殿前也有一个占地约 3 万平方米的大广场，比太和门广场还要大。太和殿是紫禁城建筑群中等级最高、体量最大、装饰最富丽的宫殿。太和殿在紫禁城中有着特殊的地位。从明朝到清朝，在紫禁城中生活过的 24 位皇帝，都把太和殿当成举办重大典礼的宫殿。从皇帝登基到大婚，从命将出征到发号施令，太和殿都是这些重大活动的见证者。

太和殿建成于 1420 年，那一年也是紫禁城建成的年份。但现在我们所看到的太和殿并不是明代建筑，出于火灾、雷击等原因，清康熙三十七年（1698 年）重建了太和殿，到了乾隆三十年（1765 年），又在原来的基础上进行重修。太和殿最初的名字叫奉天殿，意思是承受天意统治天下；后来改名为皇极殿，最后改名为太和殿，来源于《周易》中的"保和太和乃利贞"，意思是要保持住宇宙中的元气，才能使一切都适宜、中正。

太和殿是一座重檐庑殿建筑，这种建筑式样在古代建筑式样中等级最高，只有在皇家

图上

《光绪大婚典礼图册》（局部），图中大殿为太和殿

图下

太和殿

图上 太和殿广场雪景
图下 太和殿脊兽

单霁翔带你走进故宫
宫殿漫步

建筑中能看到。太和殿东西长63.96米，南北宽37.17米，建筑面积2380平方米。

太和殿建在三层高的台基之上。在三层台基间，分列着18尊鼎式香炉。在太和殿前，可以看到东边有一个日晷，这是古代的一种计时器。西边跟它对应的是嘉量。嘉量是表示容量单位的器具，是古代的标准量器。太和殿前的嘉量是清乾隆九年（1744年）仿唐代嘉量制成的。统一度量衡是古代皇帝重要的行政举措，象征国家的统一和强盛。在日晷和嘉量的旁边，还有一对铜龟、一对铜鹤，龟和鹤象征长寿和吉祥。

我们进到太和殿里面看一看。太和殿的正中设有金銮宝座和围屏。宝座的两侧有四对陈设，分别是宝象、甪端、仙鹤、香亭。紫禁城里有许多吉兽，它们的出现和陈设都

图上左 太和殿前的铜龟
图上右 太和殿前的铜鹤
图下左 太和殿前的日晷
图下右 太和殿前的嘉量

有寓意。宝象象征太平，仙鹤象征吉祥和长寿，用甪端象征明辨是非，香亭不但有燃香的功用，还与"停"谐音，象征国朝永驻。在宝座台基的丹陛下，还有四个鼎式香炉，叫宝鼎，也是祥瑞之一。王朝的建立称之为"定鼎"，鼎也象征着国家的政权。举行大典时，香炉会用来燃放香料。

宝座旁边，有六根高大的蟠龙金柱。再向上仰望，是太和殿精美的藻井。藻井上圆下方，分上、中、下三层。最下层是方井，井口直径近6米；中层是八角井，布满云龙纹雕饰，上层是圆井。藻井中央有一条姿态生动的蟠龙，蟠龙俯首下视，口衔宝珠。藻井与金銮宝座上下呼应，互为衬托，营造出

单霁翔带你走进故宫　宫殿漫步

太和殿的正中设有金銮宝座和围屏

威严华丽之感。天花、梁枋、内外檐彩画为和玺彩画。太和殿的建筑规模、装饰等级均为现存中国古建筑之首。

太和殿内东西两壁各有一座毗卢帽形式的垂花门，这种像唐僧戴的帽子式样的垂花门，为皇家专用式样。殿内毗卢帽门口各立有两个巨型紫檀雕云龙纹大柜。柜高3.7米，面宽2.18米，进深0.8米。柜门上雕满了龙纹。这些龙的形态各不相同，栩栩如生。最上部分雕的是降龙，中间部分雕饰游龙戏珠，下部侧板上雕有升龙。

每年元旦、冬至、万寿节三大节，皇帝会在太和殿举行盛大的宴会，宴会的规模很大，从王公大臣到外国使节，均会被邀请。宴会的桌子也按照等级，从大殿一直排到殿外。

图上 太和殿内景
图下 太和殿内的蟠龙金柱旧影

小贴士

登基大典

登基大典的日期，由钦天监官员择吉日而定。行礼前一天，要派官员分别告祭天、地、太庙、社稷。登基大典仪式是：当日五鼓，步军统领命所属军队，把守禁城诸门。所司入太和殿陈设诏案、笔砚案、表案、宝案。銮仪卫陈设法驾卤簿。乐部和声署设中和韶乐于太和门东西檐下。内阁学士一人奉诏书，里布仪制司官奉表，内阁中书奉笔砚，再由大学士一人，率学士诣乾清宫请"皇帝之宝"印玺。然后，将上述物品分别陈设于几案之上。王公在丹陛上，百官在丹墀内站好。天明以后，即位皇帝着丧服到大行皇帝几筵前行礼，祗受诰命。随后更换礼服，到皇太后宫行礼。钦天监报吉时到，午门钟鼓齐鸣。皇帝乘舆御中和殿升座。内大臣、侍卫、内阁、翰林院、礼部、都察院执事各官先行礼。皇帝受礼后升太和殿宝座，即皇帝位。大学士奉诏书，在诏书上用"皇帝之宝"印玺之后，由礼部官员捧出，至天安门，由金凤衔下。礼成，将诏书刊印颁行天下。

第六话 中和殿与保和殿

除了太和殿,中轴线上还有两座大殿:中和殿与保和殿。太和、中和、保和这三座宫殿并称为"三大殿",是紫禁城外朝区域的中心建筑。紫禁城宫殿屋檐上的小脊兽大家都很熟悉了,这三大殿中,太和殿的屋檐上有10只小脊兽,保和殿有9只,中和殿有7只。三大殿的等级一目了然。

明初中和殿称为华盖殿,嘉靖四十一年(1562年)改称中极殿,清代称为中和殿。中和殿在明朝的时候经历过三次火灾,现在大家看到的中和殿是明天启七年(1627年)重建的。现在中和殿的天花内构件上还可以看到"中极殿"的墨迹。中和殿方檐圆顶、四面开门,屋顶单檐四角攒尖,覆黄色琉璃瓦,殿顶正中有一铜胎镏金宝顶,天气好的时候,这个宝顶像一块大宝石,在阳光下熠熠发光。

中和殿内设有皇帝的宝座。殿内外装饰有金龙和玺彩画,天花为沥粉贴金正面龙。每当大典的时候,皇帝先到中和殿稍事休息,接受内阁、礼部、翰林院官员的行礼,然后才会去太和殿举行正式的仪式。皇帝去

图上 中和殿和保和殿
图下左 中和殿
图下右 中和殿内景

参加大型的祭祀活动前,也会先在中和殿里审阅祭祀的祝文。

保和殿是三大殿中最后一殿,面阔9间,进深5间。它的屋顶是重檐歇山式屋顶,古代把歇山顶又称为九脊殿,比太和殿的重檐庑殿屋顶等级要低一些,给人以灵活秀丽之感。保和殿殿内前檐减去金柱六根,为减柱造式。东西两梢间为暖阁,明间正中设宝座,内外檐彩

保和殿内景

绘均为金龙和玺彩画。

明代大典前，皇帝会在此更衣。清代保和殿是皇家宴会的重要场所。每年除夕，皇帝会在这里廷宴外藩。

乾隆五十四年（1789年）以后，保和殿成为科举考试殿试的考场。科举考试是朝廷选拔人才的一种手段，也是古代读书人进入仕途的唯一途径。中国的科举考试始于隋、成于唐、发于宋、盛于明及清前期、衰于清后期、废于清末。殿试每三年举行一次，题目由皇帝亲定。紫禁城里最后一次殿试是在光绪三十年（1904年）举行的，参加者274人。近代著名的"七君子"之一的沈钧儒参加了这次殿试。大家去北京国子监街的孔庙参观，可以看看陈列在那里的"清代进士题名碑"，有一块碑上刻有沈均儒的名

图上左
殿试试卷

图下左
殿试试卷内页

图上右
保和殿西侧的鎏金铜缸

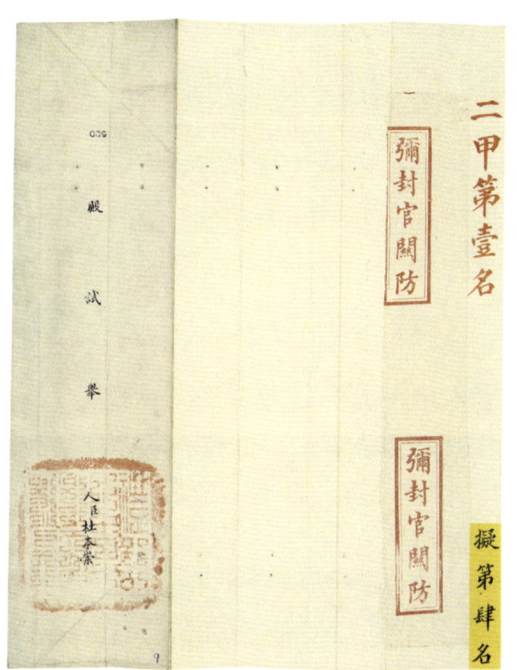

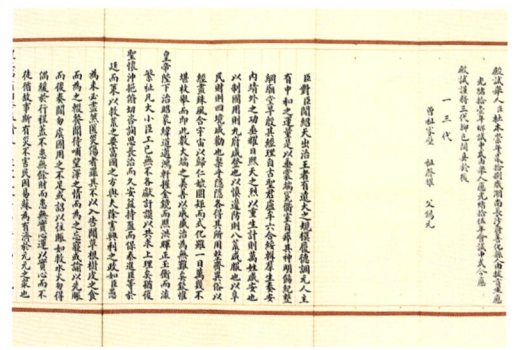

代的消防设施。平时盛放清水，以便取水灭火。为防止缸内的水在冬天结冰，水缸下有灶口，冬天灶内烧火，缸上还要盖上盖子保温。除等级最高的鎏金铜缸外，紫禁城里还有不鎏金的铜缸和铁缸，只是材质不同，用途都是一样的，依据宫殿等级配置。故宫内共有各种大小水缸308口。

太和门广场的熙和门、太和门以及眼前的太和殿、中和殿、保和殿的名称中都有一个中文的"和"字。"和"是中华文明观念的集中体现，它代表着中华文化的内涵，主张天人和谐、社会和谐、身心和谐，即人类与自然要和谐相处、人与人之间要和谐相待、人的内心世界要和谐相安，才是国家

字。1905年，清政府颁布废除科举制度的谕旨，科举制度自此落下帷幕。

保和殿西侧有两口鎏金铜缸，这是古

图上 保和殿的大石雕

图下 保和殿的丹陛石

昌盛、民众幸福的和平世界。我对"和"字有一个直观的理解,"和"的左边是"禾"字,在中文中是指庄稼;右边是"口"字,在中文中是指食品。"民以食为天",人们的吃饭问题是天大的事。中国有14多亿人口,如今都能吃得饱、吃得好,这本身就是非常了不起的事情,是对人类的巨大贡献。

中国建筑不同于西方建筑,它是以土木为核心的建筑形式,这也是尊重自然的传统。土地是生养万物的根本,树木种在自然里,长在人世间,与人一起成长。土地和树木的特性加上人的需要,共同发展出一种充满中国文化色彩的建筑系统,这一系统强调人与自然的和谐,表现出皇家建筑"天人合一"的理念。

保和殿后石雕分为上、中、下三块,其中最下方的石雕是紫禁城中最大的石雕,由一整块石料雕刻而成,长近17米、宽3米多、厚1.7米,重200多吨。制作这块石雕的石材采自京城西南50千米的房山大石窝。由于石料太重,运输只能选在隆冬时节,先

由数万民工修路填坑，每隔500米左右打井取水，以泼水成冰的方式，在冰道上加上滚木拽行。以2万人力，骡子上千，缓行28天才抵达皇宫。紫禁城建造所耗费的巨大人力和物力，由此可见一斑。

石雕现有花纹图案为乾隆时期雕刻的象征皇帝"九五之尊"的九条蟠龙图案，下部为海水江崖图案。"九五之尊"是中国古代特有的关于君主的概念，这一概念出自中国最古老的经典典籍之一《周易》。中国古人将数字分为阳数和阴数，奇数为阳，偶数为阴，阳数中九为最高，五居正中，因而以"九"和"五"象征代表阳气的帝王的权威，故称"九五之尊"。

站在保和殿后，既可以俯视紫禁城内廷，又可以远眺景山、北海，令人心旷神怡。

小贴士

赐外藩蒙古王公等宴

清朝的时候，除夕这天，皇帝会在保和殿宴请外藩蒙古王公、内大臣等。保和殿的宝座前设御筵，殿内左右，是外藩蒙古王公、内大臣、入殿文武大臣的席位。皇帝来到保和殿，宴会就正式开始。有燕礼、奏乐、进茶、行酒、进馔、乐舞、杂技、百戏、宴毕谢恩等环节。正月十五上元节的时候，赐外藩宴于圆明园正大光明殿。

明清时代的大考

明清两代每三年举行一次科举考试，正式科举分为乡试、会试、殿试三级。殿试的一甲三名赐进士及第，第一名称为状元，第二名称为榜眼，第三名称为探花。

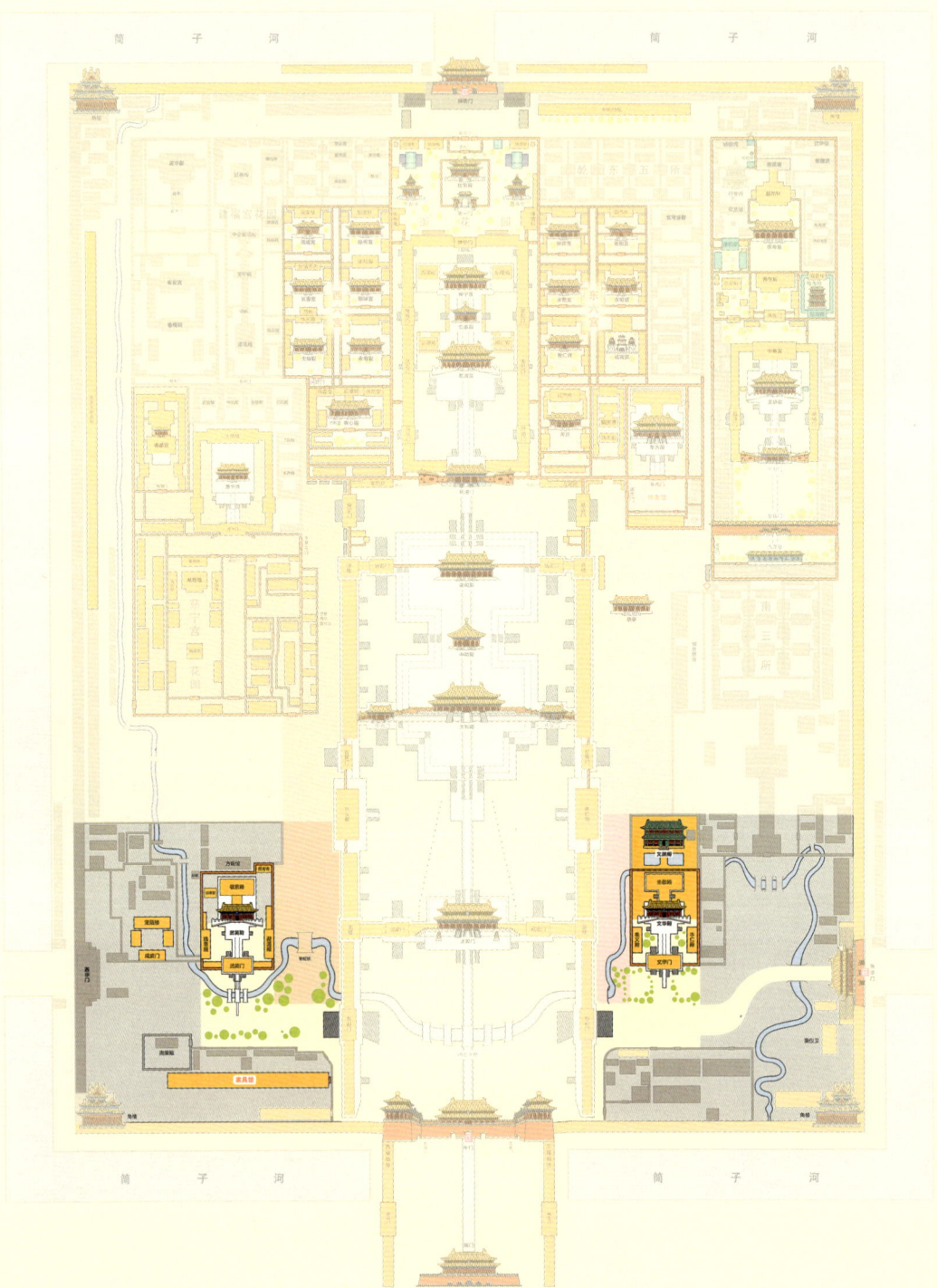

篇三 外朝东西两翼

外朝东西两翼以文华殿区、武英殿区两组建筑为主，

并包括附近的一些院落。

在建筑布局上，它们是三大殿的左辅右弼；

在实用功能上，它们是三大殿的补充，

一些文化方面的典礼在此进行。

第七话 四库渊源文华殿

东华门是紫禁城的东城门。通往东华门的路上，会路过一片掩映在海棠林中的建筑群，这就是文华殿区域。

文华殿始建于明代，明末李自成攻入紫禁城的时候，一把大火烧了文华殿。清康熙二十二年（1683年）重建文华殿，乾隆年间，在文华殿区域内修建了著名的藏书楼文渊阁。

文华殿的主殿为工字形，面阔5间，进深3间，黄琉璃瓦歇山顶。殿前有月台，月台有甬道直通文华门。文华殿后有主敬殿，两殿以穿廊相连接。文华殿的东配殿为本仁殿、西配殿为集义殿。

明代最初把文华殿给太子用，因此宫殿覆绿色琉璃瓦。后来因为太子年纪太小，这里改为皇帝的便殿，再后来成为皇帝和臣子们讲学论道的地方，建筑便改用黄色的琉璃瓦。清代的时候，文华殿主要是皇帝举行经筵的场所。所谓经筵，就是由大学士、侍郎等有一定官级的学者，在这里给皇帝讲解儒家经典著作。皇帝也会撰写御论，阐述研习四书五经的心得。讲经完毕，皇帝赐宴。文

图上 文华殿
图中 《四库全书》旧影
图下 《四库全书简明目录》

华殿的配殿本仁殿、集义殿,是经筵后的赐宴之所。

文华殿后来还有一个功用就是殿试的阅卷处。乾隆时,批改殿试考卷的大臣们被集中到文华殿阅卷,封闭式管理,直到放榜后才允许离开文华殿。

文华殿之后,就是文渊阁。文渊阁修建于清乾隆三十九年(1774年),是紫禁城里最大的藏书楼,专门用来贮藏共计36000余册的钦定《四库全书》。文渊阁仿浙江天一阁而建,共三层,每层都有6楹开间。层层楼

梯曲折而上，贯通上下。阁上覆盖黑瓦绿剪边的琉璃瓦顶。阁前有一座水池，池上有一座小桥，池中的水引自金水河。水池既是风景，也可作防火的水源。阁后堆石为山，阁周围有院墙。在文渊阁东侧，立有乾隆皇帝御制《文渊阁记》碑亭一座，上面记载了编纂《四库全书》及修建文渊阁的过程和意义。

文渊阁的颜色在整个紫禁城中是最特别的。外部发灰，以冷色为主。阁内的柱子是深绿色，楹窗为褐黑色。屋脊的吻兽为绿色，而檐额枋、檐椽、楣子、栏杆等，则多为白色。其他宫殿常用的红色、黄色，在这里都见不到。原因很简单，这里是收藏图书的地方，木建筑加上图书，最害怕的就是失火。所以文渊阁用冷色装饰，以期镇火。

文华殿以东的传心殿院内，有一口井，名曰"大庖井"。其井水甘甜，在北京有"玉泉第一、大庖第二"之誉。清顺治八年

大庖井

（1651 年）定下制度，每年十月，在大庖井之前祭祀井神。大庖井有一座方形的井亭，是宫中最大的井亭。至于"玉泉第一"，说的就是玉泉山的水。玉泉山位于颐和园西五六里，"水清而碧，澄洁似玉"，故称为"玉泉"。燕京八景之一的"玉泉趵突"说的就是玉泉山的景色。山泉水从山中流出，倾泻入池中，汇于昆明湖，经长河流入城内三海。据说，玉泉山的水一直为宫廷所喜爱，成为帝后们的日常饮用水。水和健康的关联很大，所以饮用水的采集也是一件大事。乾隆皇帝在巡幸的时候，在直隶境内会一直使用玉泉山的水。在德州进入山东境内后，就用济南珍珠泉的水。进入江苏，使用的是镇江金山泉水。到了浙江，就用杭州虎跑的泉水。

有了水，不能不提到茶。乾隆皇帝一生嗜茶如命，他经常设"茶宴"招待群臣。在乾隆皇帝御用的瓷茶碗、瓷茶杯等茶具上，有些还写有他御制的诗文。

小贴士

《四库全书》

《四库全书》全称《钦定四库全书》，是清代乾隆时期编修的大型丛书。在清高宗乾隆帝的主持下，集中 4000 余人，耗时 15 年编成。分经、史、子、集四部，故名"四库"。据文津阁藏本，共收录 3000 余种图书，共计 79000 余卷，36000 余册。乾隆帝命人手抄了 7 部《四库全书》，下令分别藏于全国各地 7 处藏书楼，分别是：紫禁城文渊阁、辽宁沈阳文溯阁、圆明园文源阁、河北承德文津阁、江苏扬州文汇阁、江苏镇江文宗阁和浙江杭州文澜阁。

第八话 皇家修书武英殿

从熙和门往西,快走到西华门的时候,就能看见武英殿。武英殿前有金水河,河上南北横跨三道石桥,桥后面就是武英门。进入武英门,前面便是武英殿。武英殿作为故宫博物院的陶瓷馆对外开放。

武英殿初为明代所建,清同治八年(1869年)毁于火,同年重建。光绪二十七年(1901年)遭雷火再次被毁,光绪二十九年(1903年)重建,光绪三十三年(1907年)建成。

武英殿面阔5间,进深3间,黄琉璃瓦歇山顶,南向,周围有石栏,前出月台与丹陛相连,直通武英门。正殿武英殿与后殿敬思殿坐落在高台之上。正殿的东配殿叫凝道殿,西配殿叫焕章殿。后殿东有恒寿斋,西有浴德堂。

武英殿在明代是皇帝斋戒和召见大臣的场所。明末李自成打入紫禁城的时候,就选择了武英殿作为他办理政务的地方。清朝摄政王多尔衮进入紫禁城的时候,也把武英殿作为他日常处理政务的地方。

康熙十九年(1680年),武英殿设立修

图上 武英殿
图中 殿本《钦定同文韵统》
图下 殿本《钦定元王恽承华事略补图》

书处,用来刊刻书籍。康、雍、乾三代都非常重视武英殿修书处的图书刊刻。武英殿刊刻的图书校勘细致、刻工精湛,所采用的纸张和墨质量上乘,被称为"殿本"。除了木板雕刻,武英殿还尝试使用活字排印。康熙年间,用铜活字排印了《古今图书集成》。乾隆年间,《四库全书》完成后,从中精选了120余种书籍,用木活字排印,称为"聚珍版"。

有清一代,在武英殿编刻的图书多达1200种,包括满、汉、蒙、藏等多种文字,对于促进多民族国家的文化发展及民族团

图一 断虹桥
图2–图5 断虹桥上的石狮子

结，起到了积极的影响和作用。

在武英殿的东侧，有一个美丽的风景带。参观完武英殿，可以沿着金水河，穿过一片丁香林，走到断虹桥，这是一座古桥。古桥两侧的石狮子造型可爱，有个别还成了"网红小狮子"。走过断虹桥，迎面就是有着300年树龄的十八棵大槐树，形成著名的"十八槐"景观。从"十八槐"再往北，是一片茂密的银杏林，穿过银杏林，就来到皇家冰窖。冰窖为半地下券洞式建筑，东西宽约6米，南北长约11米。冰窖底部下沉地面以下约1.5米。据《大清会典》记载，紫禁

图上 「十八槐」

图下 冰窖

小贴士

断虹桥
桥面为汉白玉大石铺砌，桥两侧石栏板浮雕有穿花龙图案，望柱为石狮，神态各异。建造年代约为明初或元代。此桥之名，明清未见记载，断虹桥是后来的俗称。

紫禁城里的"冰箱"
紫禁城里也有"冰箱"，不过跟我们今天使用的冰箱不一样。它外观是一个大箱子，分为里外两层。里层木胎覆盖着一层铅膜，用于隔热和保温。一层冰，一层果子填满箱子，最后用棉被覆盖保温，随取随用。冰箱底部还有排水的小孔。

城内曾有 5 座冰窖，藏冰数量达到 25000 块。每年冬至后半个月，工部会派人在紫禁城筒子河等处采集清洁坚厚的冰块，切割成一尺五寸见方，藏于冰窖之中。这些冰块一般用于坛庙祭祀及宫廷夏季防暑降温、制作冰品等，如酸梅汤、果子露、冰碗（冰镇的各类水果，还有莲藕、菱角等河鲜）。现在冰窖已经对游客开放，成为一处餐饮服务点。

第九话 中西合璧宝蕴楼

宝蕴楼位于故宫西华门内，建成于1915年，是一组中西合璧的建筑群，体现了中外文化的融合。早在1914年，当时中国封建时代最后一个皇帝溥仪虽然已经退位，但是仍然享受特殊待遇，居住在故宫北部的"内廷"，而故宫南部的"外朝"则开始对公众开放，成立了古物陈列所。宝蕴楼是中国近代建成的第一座专门用于文物收藏、保管的大型文物库房，这里曾经收藏过数万件珍贵文物。直到末代皇帝溥仪离开故宫之后的第二年，也就是1925年10月10日，故宫博物院正式宣布成立，整个紫禁城成为公共博物馆。至今，故宫博物院已经有90多年的历史。因此可以说，这座宝蕴楼见证了从封建皇宫走向现代博物馆的历程。如今，故宫博物院已经建设了大型现代化的地下文物库房，这里不再作为文物库房使用。2015年是宝蕴楼100岁生日，经过整体维修保护后，辟为故宫博物院早期院史陈列和文化创意产品展厅。

宝蕴楼的前身是明代咸熙宫，嘉靖十四年（1535年）更名为咸安宫，曾是明朝后妃及太后居住之所。入清以后，咸安宫最

宝蕴楼

初被闲置无用。康熙四十七年（1708年）和五十一年（1712年），康熙帝两度将废黜的太子胤礽禁锢于咸安宫内。雍正六年（1728年），为加强宗学和旗学教育，雍正帝下旨在咸安宫内设立官学，招收内务府三旗子弟及景山官学中的优秀学生，委派翰林负责教习。从此，紫禁城的高墙深院之内就出现了一所"咸安宫官学"。及至乾隆十六年（1751年），乾隆皇帝为给其母崇庆皇太后做六十大寿，特下旨将咸安宫改建为寿安宫。原咸安宫官学则向南移至西华门内、武英殿西的尚衣监处。

雍正、乾隆两朝，许多名将重臣出自咸安宫官学，如章佳·阿桂，雍正十年（1732年）入咸安宫官学读书，后官至军机大臣兼武英殿大学士。再如乾隆的亲信宠臣和珅，乾隆二十四年（1759年）入选咸安宫官学，接受儒学经典和满、汉、蒙古文字教育，后官至内阁

宝蕴楼

大学士、领班军机大臣、内务府总管等。

辛亥革命后,溥仪退居紫禁城后廷,前朝所有宫殿全部由北洋政府接管。1913年初,北洋政府内务总长呈报总统袁世凯,建议"默察国民崇古之心理,搜集累世尊秘之宝藏,于都市之中辟古物陈列所一区,以为博物院之先导"。这一古物陈列所选址在武英殿,而紧邻武英殿的宝蕴楼,则被选定作为文物库房。经过一年的施工,1915年6月,宝蕴楼工程竣工,建成包括咸安门、宝蕴楼、东西配楼在内的房屋53间。除南面咸安门的整体建筑保留中国传统官式木结构风格外,新建的宝蕴楼大体采用了西洋建筑风格。其中,北面主楼建筑体量最大,外观也最为别致,东西配楼左右相峙。三座新楼均采用大块的城砖砌筑墙身,下部

宝蕴楼

设有半截露明的地下室,屋顶是高耸的四坡式屋顶,没有曲线及出檐,不铺设琉璃瓦,而改用绿灰两色的牛舌瓦。

"九一八"事变后,华北局势紧张,为保文物安全,古物陈列所筹谋文物安全保存之策。1933年1月初,决定将武英殿陈列之最精品和宝蕴楼库藏之最精品搭配提选,装箱南运。2月15日至5月16日,古物陈列所文物分批随同故宫文物南迁,第一批为200箱,第二批为814箱,第三批为1400箱,第四批为3000箱,共计4批5414箱、111549件。1949年2月,北平和平解放,故宫博物院改隶中央人民政府文化部。1950年5月17日,经文化部批准,国立革命博物馆筹备处(同年8月6日更名为"中央革命博物馆筹备处")暂借故宫博物院宝蕴楼及其周边房屋为办公处所。1958年,革命博物馆搬迁天安门广场东侧新址后,宝蕴楼成为外单位的办公处所或物品仓库,其管理关系也一再更迭。

2001年11月,时任国务院副总理李岚清视察故宫后,提出"完整保护、整休维修"的指示。随后,故宫博物院组织编制《故宫保护总体规划大纲》,获得国家文物局批准,宝蕴楼作为抢救保护项目列入其中。当时,宝蕴楼及午门等库房存放着国家文物局所管辖的40余万件文物,因文物搬迁工作十分困难,宝蕴楼修缮一再迁延。至2010年底,宝蕴楼内所存文物才全部迁出。

2013年底,宝蕴楼修缮保护工程正式开工。2015年,宝蕴楼修缮工程竣工,"故宫博物院早期院史展"在宝蕴楼主楼展陈。

故宫博物院早期院史展

历史还在被续写，如今的宝蕴楼，在展陈院史和文化创意产品之外，还承担重要外事活动的接待任务。2017年5月，接待"一带一路"国际合作高峰论坛；11月，接待美国总统特朗普一行访华。一座宝蕴楼，代表着故宫从皇家宫殿向公共博物馆的转型，承载着丰富的政治、文化和艺术内涵，是历史变革的见证和缩影。

宝蕴楼还承担重要外事活动的接待任务

小贴士

咸安宫官学

八旗及内务府三旗满族贡监生员、官学生及闲散人内俊秀者的学校。有汉书十二房，每房设汉教习一人，清书三房，每房设满教习一人，另设教射三人，教国语三人。咸安宫官学的学生，五年考试一次，每次考三天。第一天考汉文四书二题；第二天考翻译楷字清字，拟上谕一段；第三天考骑射、步射。成绩分为三等，一、二等录用，三等留学肄业。

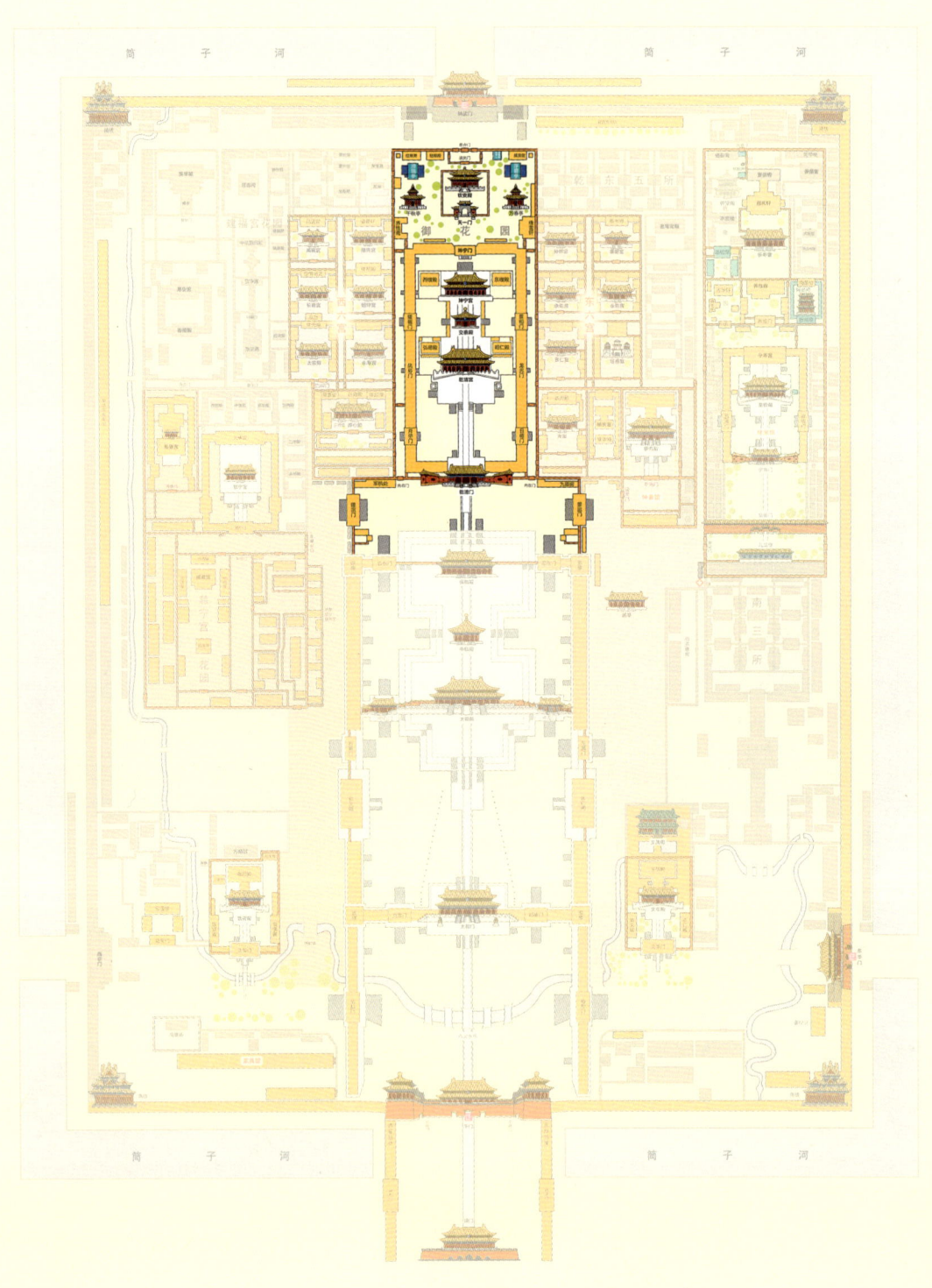

篇四 内廷中路

乾清门广场是外朝和内廷的分界线，内廷是帝后
及其年幼子女们居住和皇帝处理日常政务的地方。
乾清门往北，是内廷的中心——
乾清宫、交泰殿、坤宁宫，统称"后三宫"。
后三宫再往北是御花园。
这块区域都在中轴线上，被称为内廷中路。

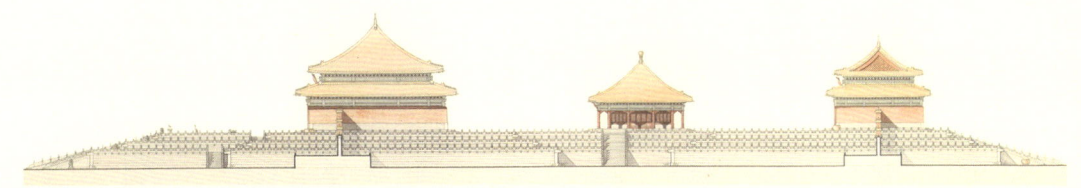

第十话 辅弼决策军机处

"军机处"这个名字大家一定都很耳熟,紫禁城里的军机处在哪里呢?就在乾清门的西侧,隆宗门的东侧。到了乾清门,您会发现除了乾清门,左右对称还有两道门,东边叫内左门,西边的叫内右门。内左门旁边有一排十二间连房,这是为王公大臣入宫觐见时暂时停脚休息而建的九卿房。内右门的旁边也有一排十二间连房,最西边是总管内务府大臣的办事处;最东边是侍卫值宿房;中间的三间便是大名鼎鼎的军机处。

军机处是清代最重要、存在时间最长的中央最高辅弼机构。军机处的由来有这样一个说法。雍正七年(1729年),为征战准噶尔蒙古,皇帝需要经常召见大臣研究对战策略,便在乾清门附近设立了一个临时指挥所。雍正十年(1732年)改称"办理军机处",简称"军机处"。平定准噶尔叛乱后,军机处成为处理全国军政大事的常设核心机构,除了军事,其他政务也参与决策,成为凌驾于内阁之上的政务中心。

军机处设立之初,没有专门的官员。雍正帝从大学士、尚书、侍郎以及亲贵中指

图上 军机处

图下 军机处就坐落在这排连房里

定人员充任军机大臣,如怡亲王胤祥、大学士张廷玉、户部尚书蒋廷锡、大学士鄂尔泰等,都担任过军机大臣。还有军机章京,是从内阁、翰林院、六部、理藩院等衙门的官员中选取。所有这些人都是兼职。军机大臣深得皇帝的信任,必须每天及时处理全国送过来的奏章,整理好再报给皇帝看。雍正帝每天召见军机大臣，有时一天召见数次，像在西北用兵紧张之时，张廷玉频繁被召，"内直自朝至暮"，"间有待至一二鼓"。

军机处主要有六大职责。

第一是文书处理。负责皇帝下达谕旨的撰拟和参与官员上报之奏折文书的处理。

第二是帮助皇帝决断要政。凡遇重要政事，皇帝不能裁决的，或交军机处议奏，或密议，或交军机处会同关系衙门议奏。

第三是提供军事情报。军机处要考察行军之山川、道里与兵马钱粮。凡有行军，军机处根据有关图书，考察山川险要、道里远近，如系边远地区，图书中没有记载的，要考察新旧档案并实地调查。应用的兵马、钱粮，则由户部、兵部、理藩院等衙门取简明确数备查。如果皇帝查询相关信息，军机处能随时提供这些情报。

第四是审定大案要案。皇帝有时会把一些重要的案件交给军机大臣审理拟定，或由军机大臣会同三法司审拟。军机大臣可在军机处提讯，也可使用刑讯。秋审案件，军机大臣也会参与。

第五是充当"钦差大臣"。军机大臣可奉皇帝旨意，以"钦差"身份，往各地检查或处理一些政事。如嘉庆十八年（1813年），钦差大臣、直隶总督那彦成镇压河南天理教起义有功，嘉庆帝大加称赞，加太子少保衔，赏三等子爵。

第六是参与对官员考核评定及任免工作。重要文武官员之任免及各部尚书、侍郎，各省总督、巡抚，以至道、府、学政、关差、盐政以及驻防将军、都统，驻各边疆地区之领队大臣、办事大臣等官员的补放，均由军机大臣负责开列应补人员名单，交皇帝选择任用。遇科考，也由军机大臣开列主考、总裁名单，奏请皇帝选用。复试或殿试，军机大臣负责核对试卷、检查笔迹或任命阅卷官。

设立军机处，削弱了内阁对皇帝的影响，强化了皇权。宣统三年（1911年），皇族内阁成立后军机处裁撤。

军机处目前开放，室内有《清代军机处史料展》。这看似普普通通的几间房间，居然在清朝的时候驻扎着这么重要的政务机构。

清代军机处史料展

篇四　内廷中路

小贴士

清宫禁卫

清代宫廷的防御措施。宫廷的禁卫有严密的制度，负责禁卫的人员，乾隆时期有侍卫亲军、八旗骁骑营、八旗前锋营、八旗护军营、八旗步兵营、内府三旗营等。平时宿卫，分班轮值；巡幸时，则分班扈从。

第十一话 前后分界乾清门

乾清门广场,是紫禁城内一道重要的分界线。它位于三大殿之北,后三宫之南,站在这里,意味着要从外朝区域进入内廷区域。

明朝的时候,朝政活动都在前朝区域进行。清朝的时候,有一些政务处理就逐渐挪到了乾清宫或养心殿。清代皇帝的御门听政也在乾清门,在这里当面回复大臣官员们的请示。为了方便皇帝召见大臣,乾清门广场内也增设了一些机构,其中就有我们前面提到过的军机处。

乾清门建于明永乐十八年（1420年）,清代延续了明代的建制,顺治十二年（1655年）重建。乾清门的台基高1.5米,门高约16米,面阔5间,进深3间,单檐歇山黄琉璃瓦顶。三踩单昂斗栱,金龙和玺彩画。门前出3阶,各9级,中间为御道,前绕白石栏杆。乾清门前有铜狮子一对、大铜缸一对。两侧是八字影壁,影壁的中心和四角用琉璃花装饰。中心是缠枝宝相花,四角是菊花和牡丹花。这种八字影壁还见于宁寿门和慈宁门。

乾清门约高16米,与它面对面的保和殿

篇四 内廷中路

图上
《光绪大婚典礼图册》（局部），图中描绘的是乾清门

图下
乾清门

图上左
乾清门的丹陛

图上右
乾清门匾额

图中左
乾清门前的大铜缸

图中右
乾清门前的铜狮子

图下左
乾清门的八字琉璃影壁

图下右
乾清门影壁的琉璃装饰

单霁翔带你走进故宫
宫殿漫步

高约32米。这种明显的体量变化说明从乾清门开始，紫禁城的宫殿功用要发生变化了。外朝建筑高大，便于举行典礼，体现国家威严。内廷是日常居住生活的场所，要符合人们的生活习惯。

乾清门广场东西长约200米，南北宽50米，面积不大，格局紧凑，可谓紫禁城里一个小小的交通枢纽。乾清门相当于皇帝住宅区的大门，又是他现场办公的一处场所。皇帝如果在后朝召见满汉大臣，大臣们可以从乾清门出入。太监领着值守的御医出入后朝，也可以从乾清门走。皇帝前往慈宁宫看望皇太后，出了乾清门向西走隆宗门；如果去宁寿宫区域，可以往东走景运门。现在，乾清门广场依然是游览故宫参观路线上的一个重要节点。穿过景运门可以去珍宝馆参观；穿过隆宗门可以去慈宁宫区域参观；往北走，可以继续中轴线线路的参观。

乾清门的西侧有一个很大的门，这就是隆宗门。隆宗门和皇太后的居所慈宁宫遥遥相对。王公大臣入宫时，他们的侍从人员只能等在隆宗门以外的台阶下，不能靠近。但在清嘉庆十八年（1813年）九月十五日，竟有一支天理教农民起义军队伍从这里打进了紫禁城的后宫。至今隆宗门匾额上还有一个箭头，就是那场战斗留下的印记。有兴趣的读者可以去找一找。

小贴士

影壁

位于建筑物前或大门内外的墙壁。门外两侧平面为八字的称为八字影壁。故宫中影壁多以琉璃饰面，以高浮雕做装饰。比较有代表性的是九龙壁、乾清门的八字影壁等。

第十二话 正大光明乾清宫

进入乾清门，便进入了帝王之家。紫禁城帝后的正寝，由三座中心建筑乾清宫、坤宁宫、交泰殿组成，统称"后三宫"。在紫禁城初建时，只有乾清、坤宁两宫，为帝后居住的寝宫。明嘉靖年间，于两宫之中又添建了交泰殿，取《周易》"天地交泰"之语。后三宫也是建立在一个平面呈"土"字形的基台上，台高2.86米，四周由连檐通脊的两坡顶式廊庑相连，形成一个封闭式的大型四合院。其南北长220米，前后开有乾清、坤宁2座宫门；东西宽120米，左右两庑开有日精、月华、龙光、凤彩、景和、隆福、永祥、增瑞、基化、端则10座门，分别通向东西六宫。

乾清宫为黄琉璃瓦重檐庑殿顶，连廊面阔9间，进深5间，是皇帝正寝，主要用于皇帝日常居住和办公。不过，清代自雍正以后的8位皇帝移至西路的养心殿居住和办公。乾清宫是后廷建筑规模最大的一座宫殿。乾清宫内设有皇帝宝座，宝座上方悬挂着"正大光明"匾。乾清宫外的月台上，摆放着铜龟、铜鹤、日晷、嘉量，还有四个镏金香炉。在

篇四 内廷中路

图上 乾清宫
图下 乾清宫内景

图上左
乾清宫前的香炉

图上右
乾清宫前的铜龟

图下左
乾清宫前的嘉量

图下右
乾清宫前的铜鹤

单霁翔带你走进故宫
宫殿漫步

乾清宫前的小金殿

丹墀阶前，东西各有一座小金殿，平面呈方形，深广各1间，四面均为一槽四扇三交六椀菱花隔扇。重檐两层，下方上圆，攒尖顶。金殿坐落在文石台座上，台分三层，通雕海水江崖图案。东边的小金殿称为"江山"；西边的小金殿称为"社稷"。社稷、江山都是国家的代称，在皇帝寝宫前设置社稷江山金殿，既是皇权的象征，也提醒皇帝要时刻把社稷江山放在最重要的位置。这两座小金殿是清顺治十三年（1656年）五月增建的，平时由宫监司供奉香烛。

明朝住在紫禁城里的皇帝，除了明成祖朱棣死于征战途中，明武宗朱厚照死于西苑豹房，明毅宗朱由检自缢于景山以外，其余11位皇帝都是在乾清宫辞世的。

每年新年来临之际，乾清宫有一个重要活动，安设天灯、万寿灯。"火树星桥，烂煌煌，灯月连宵，夜如昼，春风料峭"，就是对这一活动的描述。我们在乾清宫前找一找，还能找到当年安放天灯和万寿灯的石座。每年的十二月二十四日，乾清宫的丹陛

图上左　乾清宫隔扇门的扭头
图上右　天灯的石基
图下左　乾清宫隔扇门的梭叶
图下右　万寿灯的石基

上都会竖起两座万寿灯，丹陛下竖起两座天灯。总管内务府大臣率领众人，从乾清门举着灯杆来至丹陛下；再由宫殿监率首领太监等人，监督众太监们把灯杆竖起固牢；最后，在上面悬挂天灯、万寿灯。天灯每天晚上都要点上，从竖杆日起一直到新年的农历二月三日出灯方止。

清代皇帝有亲笔写"福"的习俗。写福字一般在除夕前数天，到了乾隆年间，把这个习俗固定在每年的十二月初一日，在漱芳斋开笔书福。从康熙皇帝开始，写好的第一个福字挂在乾清宫正殿，其余的张贴在后宫、御花园等处，还有的会赐给王公大臣们。当然，不管是谁，能得到皇帝亲手写的福字，都会当成一种莫大的荣誉。宫中写福字一般不用纸，而是用绢，先涂丹砂，再绘以金云龙纹。写福字的笔是黑漆管，管上刻有"赐福苍生"四个字。

清朝的皇帝有在乾清宫举行宴会的传统，例如廷臣宴、诸王宴、宗亲宴等。在各种宴会中，家宴比较常见。每年的元旦、上元、端阳、中秋、重阳、冬至、除夕、万寿节等都要在乾清宫设家宴。这是帝王之家的团圆宴。平时皇帝吃饭由御膳房负责，皇帝在哪，御膳房准备好之后就送到哪里。皇后、皇子们基本都在各自的宫殿里吃饭。嫔妃未经传唤不能与皇帝一块吃饭。乾清宫的家宴虽然是难得的团圆宴，但仍然有严格的等级规范。例如皇帝的御宴桌摆在乾清宫正中宝座台上，皇后的宴桌摆在皇帝宴桌的东后侧，妃嫔们的摆在皇帝宴桌的东西两侧。

过年的时候，皇帝也会吃饺子。清朝前期，除夕一般吃素馅饺子。素馅饺子的馅料通常为干菜，如蘑菇、木耳、笋丝等。到了中后期，肉馅的饺子也出现在皇家的膳食单中。元旦早上六时左右，皇帝先到奉先殿、堂子行礼，然后回到乾清宫进奶茶，随即到乾清宫西侧的弘德殿吃吉祥饽饽，也就是饺子。其中一个饺子里包着一个小银锞，如果第一筷子能夹到这只饺子，会是一件很吉利的事情。

乾清宫还是著名的"千叟宴"的举办地。康熙六十一年（1722年）春天，康熙皇帝要过69岁生日，也就是他虚岁70岁的大寿。康熙帝在乾清宫举办了一场别开生面的盛大宴会，邀请京城60岁以上的官员和百姓共730人参加宴会，命名为"千叟宴"。

单霁翔带你走进故宫
宫殿漫步

乾清宫家宴（复原图）

084

《千叟宴诗》

小贴士

皇帝的作息时间表

清代皇帝大多喜欢早睡早起。康熙皇帝多是早晨先到乾清门听政,处理一天的朝政。另有用餐时间和休闲时间。何时睡觉不见具体记载,但康熙皇帝和雍正皇帝常在深夜批阅奏章,然后就寝。

千叟宴吃什么

千叟宴分为一等桌和次等桌。一等桌每张设摆膳品如下:火锅两个,猪肉片一份,煺羊肉片一份,鹿尾烧鹿肉一盘,煺羊肉乌叉一盘,荤菜四碗,蒸食寿意一盘,螺蛳盒小菜两个,乌木箸两支,另备肉丝烫饭。次等桌设摆的膳品为:火锅两个,猪肉片一份,煺羊肉片一份,烧狍肉一盘,蒸食寿意一盘,炉食寿意一盘,螺蛳盒小菜两个,乌木箸两支,另备肉丝烫饭。

第十三话 恒久咸和交泰殿

交泰殿内景

交泰殿位于乾清宫、坤宁宫之间，寓意乾清、坤宁、天地相通、阴阳交泰，则呈协和景象，象征着帝后关系的和睦与协调。交泰殿建成于明嘉靖年间，清嘉庆二年（1797年）失火，我们现在看到的是后来重建的。

交泰殿呈方形，深、广都是3间。单檐四角攒尖顶，铜镀金宝顶，覆黄色琉璃瓦。殿内顶部为蟠龙衔珠藻井。殿中设有宝座，上方高悬康熙御笔亲书的"无为"匾额（现为嘉庆二年临摹品）。宝座后有屏风，上面是乾隆御笔的《交泰殿铭》。

交泰殿

殿内东次间有一座乾隆年制的铜壶滴漏，高约5米，由5个铜壶构成。铜壶各有名称，从上至下的顺序是日天壶、夜天壶、平水壶、分水壶、受水壶，分别调节水的流速。受水壶内，立有一个手捧"漏箭"的小铜人，身长仅3.1寸。箭上刻有两昼夜的时刻，上起午正，下尽午初。壶中安箭舟如铜鼓形，水涨铜人浮，漏箭也随之缓缓上升。经一昼夜，水满箭尽，将水泄入壶海，重新灌满滴漏，每天由侍监首领两人专司其职。乾隆以后，随着西洋先进豪华的自鸣钟大量流入，宫里的这架铜壶滴漏便宣告退休了。

殿内西次间有一座清代嘉庆年间由清宫造办处自制的大自鸣钟。钟为楼形木柜，饰

图左 交泰殿内大自鸣钟

图右上 二十五宝之碧玉纽"皇帝奉天之宝"

图右下 二十五宝之白玉纽"敕政万民之宝"

刻缠枝莲纹,髹黑漆描金,风格古朴。自鸣钟分三层,高大厚重,上弦一次可以连续走一个月。报时声音明朗浑厚,可传至乾清门外。这座大自鸣钟成为宫内计时的标准。

皇后千秋节在此受庆贺礼。每岁季春祀先蚕,皇后要先在此阅采桑具。交泰殿内存放着二十五方印章,是清朝皇帝的御用宝玺,也就是我们常说的"二十五宝"。宝玺是皇帝号令的凭证,象征着至高无上的皇权。乾隆十一年(1746年),乾隆皇帝对宫中的宝玺重新鉴别、筛选,最终确定了这二十五方印章。

这二十五方印章,质地不尽相同,有金、玉、檀木等。大小也不一致,大的边长

二十五宝之檀香木龙纽"皇帝之宝"

有 19.2 厘米，小的每边长 6.8 厘米。有两方"皇帝之宝"，内容虽然一样，但书写文字不同。一方是满文印，另一方是满、汉文篆书印。二十五方印章，每一方印章的使用范围都有明确规定，内容涉及皇位的继承、大臣的任命、征战、赏赐等方面。

每年正月，钦天监要选定黄道吉日，行开宝仪式。至年终十二月二十四日，则行封宝仪式。届时，皇帝亲临交泰殿，焚香、行三跪九叩首礼。礼毕，内官贴封条，表示这一年的政事宣告结束。

清世祖福临所立"内宫不许干预政事"之铁牌曾立于此殿。

小贴士

祭先蚕及皇后亲蚕仪

这个仪式在明清两代都有。明嘉靖九年（1530年），在北郊建立了蚕坛。蚕将生时，钦天监选择一个吉利的日子祭蚕。祭前，皇后要斋戒三日，其他参加祭祀的人斋戒二日。嘉靖十年（1531年），改建坛于西苑。清乾隆年间，在西苑东北隅重新修建了祭坛。皇后在举行亲蚕仪的前两天要斋戒，在祭祀当日，皇后乘凤舆出神武门，公主、福晋、命妇等随行。到祭坛后，皇后先用金钩采桑，再由妃嫔们采桑，然后蚕妇用桑叶喂食蚕宝宝，最后行礼祭先蚕。成茧之日，皇后还要亲自缫丝，再将丝染色，用来制作皇帝祭祀时所穿的衣服。

第十四话 皇后中宫坤宁宫

坤宁宫是明清两代皇后的中宫。坤宁宫建于明代，正德九年（1514年）、万历二十四年（1596年）两次被大火烧毁，万历二十六年（1598年）复建。现在我们看到的坤宁宫是清顺治年间改建的。坤宁宫面阔9间，进深3间，重檐庑殿顶，覆黄色琉璃瓦。上下檐均为双昂五踩斗栱，梁枋均饰龙凤和玺彩画。坤宁宫后正中为坤宁门，穿过门便是御花园。

坤宁宫最重要的功能就是皇后的寝宫。明代皇帝住乾清宫，皇后住坤宁宫。清代的时候，乾清宫成了皇帝处理政务的地方，养心殿变成皇帝的寝宫。坤宁宫也逐渐失去了作为皇后寝宫的功能。

坤宁宫也是皇帝举行大婚的洞房所在地。根据《大清会典》，曾经入住坤宁宫洞房的有康熙、同治、光绪以及逊帝溥仪。现在坤宁宫东暖阁洞房内的陈设，仍保留着光绪大婚时的原状。洞房四周墙壁都是红色，上面挂满了大臣们画的祝福吉祥的图画。地面原有龙凤双喜花纹的五彩地衣，顶上高挂着双喜字大宫灯，整个屋内喜气洋洋。屋内南边窗前是通连的大炕，上面也铺设着与喜

图上 坤宁宫
图下 坤宁宫洞房原状陈列

坤宁宫内景

床同一风格的两条大红缎绣双喜字大坐褥。洞房北部有两座落地罩木炕,西边的一座是新人新婚的龙凤喜床。床上挂着百子帐,摆着百子褥,床楣上有"日升月恒"的字匾,出自慈禧太后手书,表示越来越兴盛的意思。寓意帝后婚后的生活像初升的太阳,朝气蓬勃;似上弦的明月,和美兴旺。

坤宁宫东侧庑房为寿膳房,西侧庑房为寿药房。坤宁门东西侧庑房,是太医值房和药房。后宫女主凡遇有妊娠事,太医便要奉旨在此值侍,直至新生儿诞生。"坤宁"二字来源于《周易》中的"坤,地也,故称乎母"。

除了婚礼之外,坤宁宫也是皇后典礼时休息的场所。元旦、冬至和皇后生日这天,皇后会率领贵妃等去朝见皇太后和皇帝,礼毕后会在坤宁宫休息一下,再去交泰殿升

坤宁宫的窗户

座,受妃嫔们的朝贺。

坤宁宫还有一个功用是祭神。坤宁宫内明间以西,西、南、北三面为环形大炕,东次间后檐单隔一室,里面有三口大锅,为祭神时煮肉之用。这四间屋子是萨满的祭祀场所。

清代坤宁宫的格局,完全仿照沈阳故宫清宁宫的样子,室内做了很多改变。设置了大炕,纸糊在窗棂外面,在炕沿鼻柱上挂弓箭等。这也是紫禁城内唯一保留着满洲旧俗"窗户纸糊在窗棂外"的宫殿。坤宁宫有频繁的祭祀活动。清代将坤宁宫祭神视为大典,所祭神位、供器、祀仪、时间等均列入典制。

小贴士

坤宁宫祭祀

坤宁宫祭祀极为频繁。除每年十二月二十六日将神移往堂子至次年正月初二迎回前,四月初八日至堂子浴佛,春秋立杆大祭将神移往堂子致祭以及皇帝在斋戒日、忌辰、清明等不宰牲的日子停止坤宁宫的祭祀外,其余每天坤宁宫都要举行朝祭、夕祭。有时,皇帝还会亲自到坤宁宫行礼。

大婚洞房

大婚洞房设在坤宁宫东暖阁。由四名结发公主或福晋、命妇带领内务府女官布置。布置洞房时,女眷均戴大红钿子,着人红裨褂。墙壁用红色髹饰,红门上各有镏金大双喜字。南窗下为通连大炕,北部为两座落地罩木炕。东炕设宝座、炕几、如意及瓷器等。墙上方悬挂御书《坤宁宫铭》。西炕为帝、后大婚用的龙凤喜床。床前挂五彩纳纱百子帐,床上铺大红缎绣龙凤双喜字炕褥,红、黄缎绣百子被。龙凤喜床正中放宝瓶一个,内装珍珠两颗、红宝石两个、金钱两个、银钱两个、金如意两个、银如意两个、金锞两个、金八宝两个、银八宝两个,另有金米一把。龙凤喜床四角,各放如意一柄,以求"事事如意"。

第十五话 奇石异树御花园

御花园位于故宫中轴线的北端，占地1.2万平方米，约是紫禁城面积的1.7%。紫禁城内共有大小花园4座，分别是御花园、慈宁宫花园、建福宫花园、宁寿宫花园（即乾隆花园）。其中，御花园面积最大。这里原为帝王后妃休息、游赏而建，但是花园内建筑也有祭祀、颐养、藏书、读书等用途，是一座贴近皇家生活的综合性园林。昔日皇家在紫禁城外有一些大型园林，但是御花园则可以说是皇帝身边的秘密花园，精致而典雅。技艺高超的造园匠人以"一勺代水，一拳代山"的手法，使御花园达到中国古典园林营造"巧而得体，精而合宜"的最高标准。

御花园东北角有座堆秀山，整体气势雄伟，富有皇家气息，是整个御花园中的最高点，山顶还有用于皇帝赏景的御景亭，两侧有石砌小路通往山顶。山石形状玲珑，细部构思精巧。御花园内现存古树111株，佳木葱茏，奇石罗布，使亭台楼阁掩映其间，将花园点缀得情趣盎然。钦安殿前有一株柏树，多称"连理枝"。此树并非天然长成，而是古时园丁们将两株柏树嫁接在一起，随

堆秀山

图上 海参石
图中 拜斗石
图下 木化石

着树木的生长形成现在的形状。应和中国唐代大诗人白居易"在天愿做比翼鸟，在地愿为连理枝"的著名诗句，代表了坚贞不渝的爱情，在皇家园林内增添了几分浪漫的情调。

御花园内青翠的松、柏、竹间点缀着山石，形成四季常青的园林景观。中国人对于奇石有着特殊的喜爱，认为是自然造化而成。皇帝的御花园里更是少不了各色奇石。在御花园里，陈设有许多的奇石盆景，星罗棋布、随处可见。据统计竟有45座之多，大部分是以太湖石为材料制成。在众多的盆景中，有3座造型颇为奇特，被称为"三奇石"。这3块奇石分别是海参石、拜斗石、木化石。

御花园内均衡地布置各式建筑近20座，这些建筑布局对称而不呆板，舒展而不零散，无论是依墙而建，还是亭台独立，均玲珑别致，疏密合度。楼台亭阁，变化多端。东有绛雪轩、西有养性斋，这两组建筑平面呈一凸一凹、一高一低，两相对峙，颇有意境。在御花园的园林建筑中，以浮碧亭和澄瑞亭、万春亭和千秋亭最具特色，例如千秋亭，上圆下方、四面出抱厦，组成十字形平

图上 浮碧亭
图下 钦安殿

面的多角亭，体现了中国古代"天圆地方"的传统观念。澄瑞亭和浮碧亭，上覆黄色琉璃瓦蓝剪边，下则各有一水池，池中绿荷红锦，与亭顶的琉璃瓦交相辉映，色彩明快俏丽。石间池畔，牡丹、芍药、萱草、凌霄无处不见。可以说紫禁城的御花园处处成景、景随步移、美不胜收。

钦安殿是御花园内的主体建筑。以其为中心，亭台楼阁向前方及两侧铺展。钦安殿也是大内中轴线上唯一带有庙宇性质的重要建筑，

图上 养性斋
图下 溥仪和英文老师庄士敦等在养性斋合影

其中供奉着中国道教的北方神玄武大帝。

养性斋位于御花园西南，始建于明代，称乐志斋，清代改今名。昔日皇帝常到此地休息读书。民国初年，英国人庄士敦在紫禁城教逊帝溥仪英文，溥仪特意把养性斋赏赐给庄士敦当书房兼卧室。

御花园中的彩色石子路面，以不同颜色的卵石精心铺砌而成。据考证，御花园中石子路总长约1000米，一共拼砌组成900余幅不同的美丽生动的图案，有人物、花卉、景

图上左
有花瓶和香炉图案的彩色石子路面

图上右
有小狗图案的彩色石子路面

图下
婉容、文绣等在御花园澄瑞亭

小贴士

明代重阳节帝后登高处

御花园内的堆秀山，在明代的时候叫堆绣山。明万历十一年（1583年）拆去观花殿，在原址上依北宫墙叠石堆成一座假山。堆秀山高约10米，南面正中有石洞，洞门满汉文额为"堆秀"，左侧有湖石一块，上镌乾隆御笔"云根"。洞之两侧山凹处各设铜缸4口，以管相连，缸中注水下流至兽口中喷出，为宫中现存仅有的水法。山两侧各有磴道，顺道直上为御景亭。明代重阳节的时候，帝后会来这里登高望远。

物、戏剧、典故等，可谓应有尽有，匠心独具，古朴别致，沿路观赏，妙趣无穷。

　　近年来，故宫博物院对御花园开展环境整治，提升故宫作为世界文化遗产的完整性、真实性与和谐性。拆除了多余的不规则护栏，采用绿色植物进行软隔离，或者采用与环境更为协调的石栏杆围挡，整体提升古典园林的文化氛围，再现了乾隆时期的历史风貌。

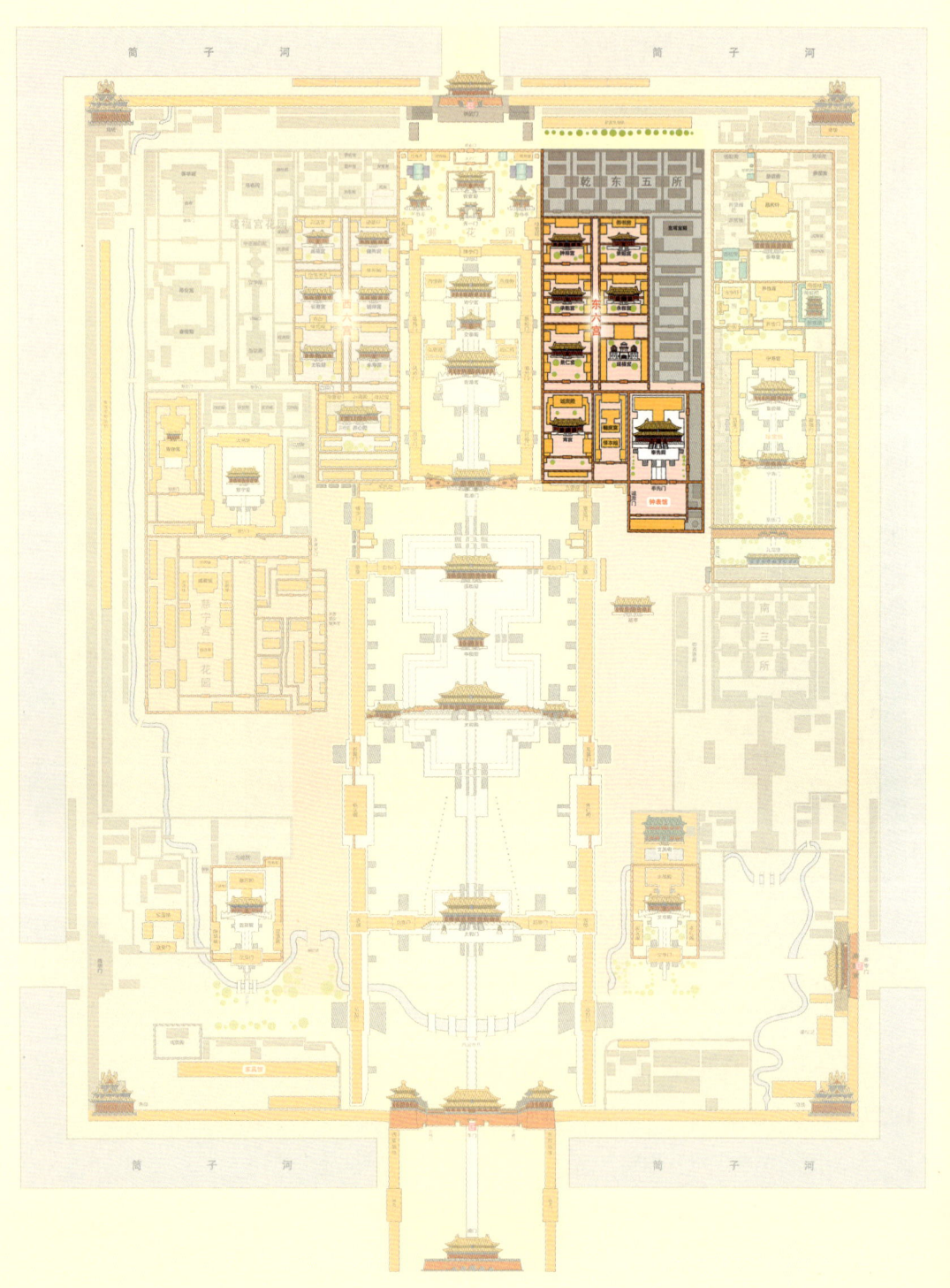

篇五 内廷内东路

从乾清门广场东侧的内左门往北，
就来到了内廷内东路。
这里主要有东六宫，为并列两排院落，
中间以东二长街相隔。

第十六话　庭院深深东六宫

东六宫为钟粹宫、承乾宫、景仁宫、景阳宫、永和宫、延禧宫。这些建筑基本上是明朝旧制，清朝沿用并进行过多次修建。各宫院之间南北走向有两条长街，俗称一长街、二长街；东西走向的巷道与长街纵横相连，巷口有巷门，街口有街门，井井有条。每宫均为相互独立的院落。每一个院落占地约2500平方米，均呈正方形。

在明代，皇后居住在正宫坤宁宫（也称中宫）。皇贵妃、贵妃、妃、嫔等皇帝的宝眷们分住于东、西六宫。清代的皇帝大多住到养心殿去了，因此坤宁宫也仅是皇帝和皇后新婚的喜房，合住几宿而已。之后，皇后择东、西六宫任一院落作为日常居所。地位低的妃、嫔，只能几个人合住一处院落。

篇五　内廷内东路

鸟瞰东六宫

钟粹宫

钟粹宫于明永乐十八年（1420年）建成，明代称为咸阳宫，曾一度为皇太子的居所。嘉靖十四年（1535年）改称钟粹宫，清代沿用至今。明隆庆五年（1571年）改钟粹宫前殿为兴龙殿，改钟粹宫后殿为圣哲殿，后复称钟粹宫。

钟粹宫为二进院，正门南向，名钟粹门，坐北向南，是一座带斗栱的单檐歇山顶琉璃门，门内有悬山卷棚顶倒座式垂花门，门的两侧依南墙建游廊。与垂花门及东西配殿前廊相通，形成三合院带围廊的格局。前院正殿即钟粹宫，面阔5间，黄琉璃瓦歇山式顶，前出廊，檐脊安放走兽5个，檐下施以单翘单昂五踩斗栱，绘苏式彩画。殿前有东西配殿各3间，前出廊，明间开门，黄琉璃瓦硬山顶，檐下饰苏式彩画。

正殿钟粹宫殿匾为"澂心正性"，对联是"风雨和甘调六幕；星云景庆映三阶"。左右配殿各有殿匾，东为"膺天庆"，楹联是"万象皆春调凤琯；八方向化转鸿钧"；西为"绥万邦"，楹联是"麟游凤舞中天瑞；月朗风和大地春"。这些联匾都是慈禧

图上　钟粹宫
图下左　钟粹宫的垂花门
图下右　钟粹宫的游廊

钟粹宫的匾额

太后亲笔。正殿内悬挂乾隆皇帝御题"淑慎温和"匾，东壁悬挂大臣梁诗正敬书《圣制许后奉案赞》，西壁悬《许后奉案图》。

清代的诸位皇子并不都住在这里，钟粹宫一度曾经是后妃的寝宫。尔后，咸丰皇帝、同治皇帝做皇子时都曾经居住在钟粹宫。特别是咸丰皇帝，即位前在此住过17年之久，大概是因为此处曾为明太子宫吧。

钟粹宫真正成为后妃居住的重要场所，是在晚清时期。清朝后期的两位皇后均以钟粹宫为正宫：一位是咸丰皇帝的孝贞显皇后，即慈安皇太后；一位是光绪皇帝的孝定景皇后，即隆裕皇太后。正因为慈安皇太后居住在东六宫之钟粹宫，所以被称为"东太后"；与慈禧太后居住的西六宫之储秀宫相对应，慈禧太后即被称为"西太后"。"储

钟粹宫的天花

小贴士

旋子彩画

亦称学子、蜈蚣圈,古建筑彩画中的一种。等级低于和玺彩画。因藻头部位绘有旋花图案而得名,即藻头内中心绘出花心(又称旋眼),花心周以旋状纹的花瓣二层或三层。旋花基本单位为一整二破(即一个整团旋花,两个半团旋花),视梁枋的长短宽窄组合。

秀"意为"积蓄美好",那么与之相对称的钟粹宫之"钟粹",即是"汇聚精粹"的意思。

钟粹宫正殿的内檐、五架梁上,至今依然保留着明代早、中期的旋子彩画。据故宫专家鉴定,钟粹宫梁架的大木结构仍属明初遗存。虽然经历日后的改朝换代,钟粹宫也修葺过多次,但仍保留了部分明代原始彩画。故宫现存明代的宫殿已不多见。

钟粹宫现在作为故宫博物院的古琴馆,对外开放。

承乾宫

承乾宫建成于明永乐十八年（1420年）。初曰永宁宫，崇祯五年（1632年）更名为承乾宫，清沿明旧称。顺治十二年（1655年）重修，道光十二年（1832年）略有修葺。"承"即承载、承受，寓意居住于东西六宫的嫔妃要谨守妇德，顺承天子。

承乾宫为两进院，正门南向，叫承乾门。前院正殿即承乾宫，面阔5间，黄琉璃瓦歇山顶，檐角安放走兽5个，檐下施以单翘单昂五踩斗栱，内外檐饰龙凤和玺彩画。正间内悬乾隆皇帝御题"德成柔顺"匾。

东壁悬挂大臣梁诗正敬书《圣制徐妃直谏赞》，西壁悬挂《徐妃直谏图》。

殿前为宽敞的月台。东西有配殿

篇五　内廷内东路

图上
承乾宫

图下
承乾宫旧影

109

图上 承乾宫的丹陛石
图中 承乾宫的水井
图下 贞顺斋

各 3 间，明间开门，黄琉璃瓦硬山顶，檐下饰旋子彩画。明崇祯七年（1634年）在东西配殿分别配上了匾额，东配殿叫贞顺斋、西配殿叫明德堂。

后院正殿 5 间，明间开门，黄琉璃瓦硬山顶，檐下施以斗栱，饰龙凤和玺彩画。两侧建有耳房。东西有配殿各 3 间，均为明间开门，黄琉璃瓦硬山顶，饰以旋子彩画。后院西南角有井亭一座。承乾宫基本保持着明初始建时的格局。

承乾宫是一个故事颇多的地方。住过这里的几位妃子，都有着曲曲折折的经历。

明朝时这里曾是崇祯皇帝的宠妃田氏的寝宫，田妃失宠后，又遭丧子之痛，病死在这里。

清朝顺治皇帝的宠妃董鄂氏入宫后，在承乾宫住了 4 年，之后因为幼子夭折，悲痛而逝，她的灵柩停在宫内，顺治帝在这里给她守灵，还请了高僧在灵前谈禅。

清末，道光皇帝的孝全成皇后（即咸丰皇帝之母）曾居住在此宫。

说起故宫的花，承乾宫里有一个花木明星。在承乾宫正殿的月台下有一棵老梨树，

每年春天，梨树开出满树繁花，洁白如雪，香气浓郁，与古老的院落相得益彰。

承乾宫现在作为故宫博物院的青铜器馆，对外开放。

小贴士

皇子诞生仪

明代皇子初生三日，皇帝亲诣南郊奉告，同日祭告奉先殿、崇先殿，遣官分告各坛，行三献礼。次日皇帝御奉天门，文武百官具吉服称贺，先后行四拜礼。择日颁诏天下。

景仁宫

景仁宫坐落在东六宫的南端,明永乐十八年(1420年)建成,初曰长安宫。嘉靖十四年(1535)改称景仁宫,清代沿用明朝旧称,于顺治十二年(1655年)重修,道光十五年(1835年)、光绪十六年(1890年)先后修缮。

景仁宫为二进院,正门南向,叫景仁门,门内有石影壁一座,据传为元代遗物。正殿明间前后檐开门,门窗双交四椀菱花隔扇式。檐角安放5个走兽,檐下施单翘单昂五踩斗栱。明间天花图案为二龙戏珠,内檐为龙凤和玺彩画。东西有配殿各3间,黄琉璃瓦硬山顶,檐下饰以旋子彩画。后院正殿5间,黄琉璃瓦硬山顶,檐下施以斗栱,饰龙凤和玺彩画。院西南角有井亭一座。乾隆帝为景仁宫题匾"赞德宫闱"。东壁悬挂大臣张照敬书《圣制燕姞梦兰赞》,西壁悬挂《燕姞梦兰图》。景仁宫基本保持着明初始建时的格局。

景仁宫最出名的一点,这里是康熙皇帝的出生地。他的母亲佟佳氏是佟图赖的女儿。顺治十一年(1654年),佟佳氏在景仁

图上 景仁宫的丹陛石
图下 琉璃花座

篇五 内廷内东路

小贴士

硬山顶
古代传统建筑屋顶形式之一，前后两坡，屋顶两端与山墙齐平。

图上　景仁宫的石影壁

图下　景仁门

景仁宫

宫生下顺治帝的三子玄烨，这就是后来的康熙皇帝，那一年佟佳氏14岁。康熙即位后，佟佳氏与孝惠章皇后两宫并尊，称圣母皇太后，上徽号曰慈和皇太后。可惜的是，康熙二年（1663年），这位皇太后就去世了，年仅23岁。

乾隆皇帝的母亲钮祜禄氏，也是我们所熟知的崇庆皇太后曾在这里居住过。这位皇太后的命运要好得多，一生平顺安康，于84岁的高龄去世。

光绪年间，珍妃被册封后也住在这里。珍妃生性乖巧，擅长书画，还喜欢下棋，常常陪伴在光绪皇帝身边，是光绪皇帝最宠爱的妃子。光绪二十六年（1900年），八国联军侵入北京，慈禧太后在逃离紫禁城之前，下令将珍妃投井。

景阳宫

景阳宫在明代初建时叫长阳宫，嘉靖十四年（1535年）更改十二宫名称时改为景阳宫。清康熙二十五年（1686年），景阳宫重修。

景阳宫为二进院，正门南向，叫景阳门，前院正殿即景阳宫，面阔3间，黄琉璃瓦庑殿顶，与东六宫中其他五宫的屋顶形式不同。檐角安放走兽5个，檐下施以斗栱，绘龙和玺彩画。明间开门，次间为玻璃窗。明间室内天花为双鹤图案，内檐饰以旋子彩画，室内方砖墁地，殿前为月台。后院正殿名为"御书房"，面阔5间，明间开门，黄琉璃瓦歇山顶。西南角有井亭一座。东配殿叫静观斋，西配殿叫古鉴斋。

景阳宫前殿恭悬有乾隆皇帝御笔亲书的"柔嘉肃敬"匾额，东壁悬挂大臣张照敬书《圣制马后练衣赞》，西壁悬挂《马后练衣图》。后殿内有楹联数对，也出自乾隆皇帝御题。其一为"古香披拂图书润；元气冲融物象和"。东室联曰"生机对物观其妙；义府因心或所宁"。西室联曰"蜃牖日朗兰喷雾；鸡树风轻玉霭春"，还有一对楹联为

景阳宫

"书圃礼园无敦好；瓯香研净有余欣"。

景阳宫是东西六宫中最冷僻的宫殿。它地处偏僻，在东六宫最东北，明、清两代的女主们，很少有人愿意来此居住。明朝万历皇帝的长子朱常洛的生母恭妃王氏，被打入冷宫，所居住的地方就是景阳宫。万历三十九年（1611年），王氏病危，太子朱常洛撬开宫门，进去探望，但王氏这时已经失明了。后来她被尊为孝靖皇太后，迁葬定陵。

清代的景阳宫主要用来贮藏珍贵的书画，存有大量的历代书画名作，所以景阳宫后殿直接就称为"御书房"。清代的皇帝闲暇时常常到此查看典籍、欣赏书画，特别是康熙帝和乾隆帝，雅好书画，经常到景阳宫来。乾隆帝曾在后殿鉴定过宋高宗赵构所书《毛诗》，以及赵构命马和之所绘《诗经图卷》。为此，乾隆特意为这里题写了匾额"学诗堂"，还写下了《学诗堂记》。

乾隆帝命画师以中国古代后妃美德为范，绘制《宫训图》十二幅，每幅图配赞四言十二句，以诫后妃永远效法。每年腊月二十六日在东六宫、西六宫张挂春联、门神的同时挂上《宫训图》，事毕收藏在学诗堂。《清宫词》曰："瑶星坤极霭祥光，宫训图成十二章。岁岁春朝重展现，云缣深护学诗堂。"十二幅《宫训图》宣扬了十二种女性的美德。在东六宫、西六宫所挂的《宫训图》分别是：钟粹宫《许后奉案图》（尊老）、承乾宫《徐妃直谏图》（忠直）、景仁宫《燕姞梦兰图》（愿景）、景阳宫《马后练衣图》（节俭）、永和宫《樊姬谏猎图》（劝谏）、延禧宫《曹后重农图》（勤劳）、永寿宫《班姬辞辇图》（知礼）、启祥宫《姜后脱簪图》（相夫）、长春宫《太姒诲子图》（教子）、翊坤宫《昭容评诗图》（读书）、储秀宫《西陵教蚕图》（创新）、咸福宫《婕妤当熊图》（勇敢）。

图上 青玉交龙纽"学诗堂"章
图下 "学诗堂"印文

篇五 内廷内东路

小贴士

清朝的宫廷画家

清朝宫廷一直设有善于绘画的人员，并有专门的机构管理。根据《国朝院画录》载，乾隆时期在宫廷充任绘士的有唐岱、金昆、丁观鹏、张为邦、金廷标、张宗苍等四五十人，并有欧洲来的郎世宁等人。他们的作品被称为院画，既有奉敕临摹的古代绘画，也有记录宫廷生活和典章制度的命题画。

永和宫

永和宫位于承乾宫以东、景阳宫以南。明朝永乐十八年（1420年）建成，初名永安宫，明朝嘉靖十四年（1535年）更名永和宫。清朝沿袭明朝旧制，于康熙二十五年（1686年）重修，乾隆三十年（1765年）又有修缮，光绪十六年（1890年）重修。

永和宫为二进院，正门南向，名永和门，前院正殿即永和宫，面阔5间，前接抱厦3间，黄琉璃瓦歇山顶，檐角安走兽5个。东西有配殿各3间，明间开门，黄琉璃瓦硬山顶，檐下饰旋子彩画。东西配殿的北侧皆为耳房，各3间。乾隆帝为永和宫所题匾额"仪昭淑慎"。东壁悬挂大臣梁诗正敬书《圣制樊姬谏猎赞》，西壁悬挂《樊姬谏猎图》。

后院正殿曰同顺斋，面阔5间，黄琉璃瓦硬山顶，明间开门。东西有配殿各3间，明间开门，黄琉璃瓦硬山顶，檐下饰以旋子彩画。院西南角有井亭一座，已改为铜质压力井。永和宫保持着明初始建时的格局。

永和宫有过一位出名的女主人。雍正皇帝的生母德妃乌雅氏曾住在这里。胤禛即

图上 永和宫院内

图下 永和宫后殿同顺斋

小贴士

百事大吉盒

明代宫中年节习俗。正月初一，把柿饼、荔枝干、桂圆干、板栗、大枣装在一个盒子里，大家一块分着吃。每样食物都有吉祥的含义。后来北京年节吃"杂拌儿"，很可能由此发展而来。

位后，她拒绝接受皇太后的种种尊荣，坚持不上封号、不受大臣朝贺。她也不肯移居到皇太后宫去，任凭雍正帝再三恳求，乌雅氏依然"固执未允"。不久，这位皇太后在永和宫去世，时年63岁。

永和宫最后的主人是光绪皇帝的瑾妃。瑾妃与珍妃是姐妹，珍妃命运悲惨，很早就去世了，而瑾妃一生谨慎小心，与世无争。她经历了光绪、宣统两朝，直到民国年间才去世，被封为"端康皇贵太妃"。去世之前，她一直住在永和宫。

延禧宫

紫禁城近千座宫殿群中，有一处西洋风格的建筑格外引人注目。它就是地处东六宫的延禧宫，宫中称之为"水晶宫"。在明初建成之时，它的命名是长寿宫，也是在嘉靖十四年（1535年）改称为延祺宫，明晚期时又改称延禧宫。延禧宫在明、清两朝只不过是一处普通的后宫院落，格局同其他各宫一样是两进院落，前后主殿各为5开间，均有配殿。延禧宫在苍震门内，这里是宫中太监、杂役出入内廷唯一的门户，关防严密。

在道光初年时，这里居住着他的几位地位不尊、名号不显的女眷，记载有恬嫔、成贵人、琳常在等。其中，琳常在的地位最低，但她却为道光皇帝生了一个皇七子奕譞（光绪皇帝的父亲，宣统皇帝的祖父）。以后，琳常在便开始"母以子贵"，逐步递升为琳嫔、琳妃、琳贵妃。

明清两朝数百年间，延禧宫频频发生火灾，是清代重修再建次数最多的院落。道光二十五年（1845年），又一场大火将整座宫院烧成了废墟。皇宫请了堪舆家到此勘察了一番，说这座宫殿的位置不好，它正处在

延禧宫的灵沼轩

篇五　内廷内东路

单霁翔带你走进故宫 宫殿漫步

延禧宫的灵沼轩

紫禁城东北,八卦的"艮"位上,所以才屡遭雷火袭击。最后得出的结论是此地不宜恢复再建宫殿。果然,终道光、咸丰两朝都没有再动工。清末,隆裕皇太后为消除不祥,想建一座不怕火的西洋式水晶宫镇住火灾,即为灵沼轩。设想中的水晶宫以铜为柱,以玻璃为地板和墙壁。过旋转楼梯下到地下室,还要做成夹层形式以备注水养鱼。地板下置水塘,水藻芙蕖,相得益彰。1909年开工,两年以后辛亥革命爆发,第二年皇帝退位,延禧宫就成了北京最老的烂尾楼。1925年故宫博物院成立后,出于保护文物的需要,在这片旧工地上,建造起了一座钢筋混凝土结构的现代文物库房,四周皆是铁铸

延禧宫的灵沼轩

小贴士

紫禁城怎样防火

紫禁城从建造的时候,就特别注意配备防火设施。宫中有大量的防火水缸,还有水井和内金水河,可以作为灭火的取水水源。清雍正年间,从宫中各处步军、护军等值班人员中选调100名,按日期分拨更番防范,由值班人员稽查。如有需要时,可再抽调若干人共同救火。乾隆年间,这支救火队的人员增加到182人,称为火班。

的门窗;内部采用当时最先进的德国设备,至今仍对保护文物非常适合。为了维护紫禁城中国传统建筑的整体风格,这座库房建成了宫殿式屋顶,上覆黄色琉璃瓦,分上下两层。昔日的延禧宫,后来的水晶宫半成品,终于形成了今日这种外表中国样、内部西洋式的中西合璧的独特建筑模式。

灵沼轩为钢铁和砖石混合结构。我国以砖石、钢铁为材的近代建筑不在少数,但是现存在故宫皇家建筑群中的此类建筑,应为孤例,是研究同类建筑为数不多的典范。灵沼轩在其建筑本体上使用了大量西方进口的材料与西方传统的建筑装饰手法,同时设计者将东方独特的艺术风格并用其中,形成了中西合璧的建筑风格与材料体系,是研究19世纪末、20世纪初中西方文化交流、建筑史和冶金与材料史方面难得的例证,具有很高的历史、科学与艺术价值。

第十七话 太子宫殿毓庆宫

毓庆宫位于故宫内廷东路的南端，奉先殿和斋宫之间，为清康熙十八年（1679年）在明奉慈殿基址上修建而成，乾隆五十九年（1794年）添建大殿一座并修建游廊、抱厦，嘉庆六年（1801年）继续扩建，光绪十六年（1890年）和二十三年（1897年）加以修缮，形成现在的规模。近百年来，毓庆宫建筑群多空置或作为库房使用。

毓庆宫区院落南北长约93米，东西宽约33米，总占地面积约3293平方米，总建筑面积为1898平方米。主要由中轴线上的前星门、祥旭门、阳曜门、惇本殿、毓庆宫（毓庆宫前殿、穿堂、继德堂）、后罩房以及两侧的值房、配殿、围房、净房等共13座建筑组成。

毓庆宫为四进院。正门为前星门，门内为第一进院落，有值房三间，西墙开阳曜门通斋宫。过院北祥旭门为第二进院落。第二进院正殿为惇本殿。殿内明间悬乾隆皇帝御书匾曰"笃祜繁禧"，为嘉庆皇帝公开被立为皇太子时乾隆皇帝所赐。御匾两边的对联是："祖德敬而承，仰思堂构；天恩引以翼，远逮云仍。"乾隆六十年（1795年），年逾

毓庆宫

篇五 内廷内东路

古稀的乾隆帝禅让皇位给嘉庆帝，乾隆帝仍住在养心殿，这里就是当年嘉庆帝的寝宫。光绪年间，西配殿曾作为皇帝师傅的值庐。

第三进院为工字殿，前殿为毓庆宫，后殿室内明间悬匾曰"继德堂"，西次间为藏书室，嘉庆皇帝赐名"宛委别藏"，将阮元做浙江巡抚时进的《四库全书》未收之书百种存于此室。东次间悬嘉庆皇帝御笔匾"味余书室"，又东一室内"知不足斋"匾亦为嘉庆皇帝御笔。毓庆宫内装修极为考究，后殿内分成小室数间，其门或真或假，构思精妙奇特，有"小迷宫"之称。

味余书室

毓庆宫在清代为太子宫，是康熙皇帝专为皇太子允礽而建。康熙六十一年（1722年），12岁的弘历入住此宫，成婚时移居乾西二所。雍正以后不再预立太子，改为皇子居所。嘉庆皇帝幼时也曾居于此宫，并于嘉庆元年即位后，在乾隆皇帝训政期间仍在此居住。而后同治、光绪两朝，幼年皇帝曾在此处读书。清逊帝溥仪的英文老师庄士敦，在宫中上课的地方即为毓庆宫。溥仪深受庄士敦影响，吸收了不少西方的思想和生活习惯，同时他也很欣赏庄士敦，赐其毓庆宫行走、一品顶戴、紫禁城内坐轿等殊荣。作为清代统治者接受汉文化思想的重要场所，它见证了由康乾盛世到晚清没落这一历史过程。

毓庆宫建筑群总体布局为中轴对称式，结构严谨，秩序井然，历次改造不仅是对其功能与格局的变化，同时更是封建等级礼制中王权至上思想的具体体现，作为中国礼教文化的一个侧面组成部分，具有重要的社会价值。

故宫博物院成立后，多次对毓庆宫进行了保养、维护，并于1953年进行了大规模的修缮。至2013年，半个多世纪以来，毓庆宫未再进行大修。此次修缮前，毓庆宫区域各处有不同程度损坏，例如屋面瓦件脱灰、松动，局部有漏雨现象；椽望糟朽较多，木结构局部拔榫，尤其是角梁部位糟朽严重，仔角梁大部分需要进行更换；彩画脱色风化，下架地仗损坏严重；院内地面、散水砖整体极不平顺，排水不畅，局部坑洼不平、滋生杂草且多松动破碎等。2014年8月21日，故宫博物院开始对毓庆宫进行维修保护，于2016年6月30日竣工，历时742天。

此次维修保护，故宫博物院坚持"原形制、原结构、原材料、原工艺"的古建筑维修保护原则，保证使修缮后的古建筑消除安全隐患、益寿延年。主要工作包括拆除屋面，重新苫背、铺瓦；损坏的仔角梁进行更换、剔补，老角梁全部进行剔补；现存彩画进行"现状保护、局部整修"，仅对部分损毁严重的彩画采取重绘工作，其余彩画作除尘处理；院内地面铺装全部重新细墁；进行白蚁防治，等等。

毓庆宫区域修缮完成后，将进行展览设计和进一步规划安排，未来将作为故宫博物院一个新的展览空间，实现对公众开放，使观众获得更加丰富精彩的文化体验。

小贴士

梁
古建筑木构架中主要的横向受弯构件。长短随建筑进深而定，若有廊，则梁的两端放置在前后金柱上。

彩画
建筑立柱以上，梁、桁、枋、椽、斗栱涂饰的彩绘装饰。彩画是中国古代建筑的重要装饰之一。按画题不同可分为和玺彩画、旋子彩画、苏式彩画等。

第十八话
敬天克己在斋宫

斋宫位于东六宫以南、毓庆宫以西。斋宫建成于清雍正九年（1731年），是在明代弘孝、神霄等殿的位置上新建的。凡南北郊及祈谷、常雩大礼，皇帝致斋于此处。斋宫前后两进院，前设有琉璃门。正殿面阔5间，黄琉璃瓦歇山顶，前出抱厦，转角廊与东西配殿相连成三合院带转角的格局。殿内中设宝座，悬乾隆御笔"敬天"匾，对联为："克践厥猷，聪听祖考之彝训；无致康事，先知稼穑之艰难。"东暖阁为书屋，西暖阁为佛堂。后殿面阔7间，黄琉璃瓦歇山顶。

祭祀活动是古代社会重要的典礼活动，尤其是在明清宫廷，皇帝十分重视。按明制，天坛内西侧建有斋宫，东向，为皇帝斋戒时专用之宫。百官在各自衙署内致斋。斋戒中有硬性的要求，如不饮酒，不食葱、韭、薤、蒜，不问病，不吊丧，不听乐，不理刑名，不与妻妾同处。斋戒时进铜人，为皇帝斋戒时所用器物。明代洪武二年（1369年），明太祖朱元璋命礼部铸铜人，高一尺五寸，铜人手执牙简。大祀书"斋戒三日"，中祀书"斋戒二日"。明代天坛、地坛都有斋

篇五 内廷内东路

图上 斋宫旧影
图下 斋宫

图上 斋宫的大门
图下 斋宫明间

日,坛内致斋一日。百官皆斋于公署。斋戒的规定极为严格,《钦定太常寺则例》记载:"凡陪祀致斋各官不理刑名,不宴会,不听音乐,不入内寝,不问疾吊丧,不饮酒茹荤,不祭神,不扫墓,有疾有服(守孝)者皆弗与,其有故违不到者,察治之。"帝王在斋宫斋戒时,会思考修身养性、治国理政之道,雍正皇帝御制《冬至斋宫》诗就曾写道:"凌寒松柏耐严冬,带月含霜度禁钟。午夜无眠思戒凛,诘朝崇祀务肃恭。"

清代皇帝斋戒的时候,也进铜人,同时佩戴斋戒牌。斋戒牌宽一寸,长二寸,形制、质地各有不同,饰以黄纸,以满、汉文书斋戒日期,悬于衣襟之前。斋宫距离东六宫较近,为保持斋戒期内的肃穆,遇斋戒日,宫内家眷不得在此区域行走。同时,斋戒期内,宫内各宫门门额悬挂斋戒木牌,结束后才能撤下去。

在清代,祭天地、太庙、社稷等为大祀,皇帝要亲自参加。祭日、月、历代帝王、先师孔子、先农、先蚕等为中祀,大多为皇帝派官员致祭。龙王庙、贤良祠等为小祀,全部官员致祭。皇帝斋戒时,如果不

宫,不需要在紫禁城中斋戒。如在宫中斋戒,则一般多在外朝西路的武英殿。

清朝雍正年间,雍正帝出于个人安全考虑,将祭祀天地前的斋戒仪式放在宫中来进行,这样可以保护皇帝的人身安全。后来又专门建斋宫,斋戒仪式于是逐渐多放在斋宫内进行。祭天时,皇帝于大内斋宫致斋二

金嵌珊瑚松石斋戒牌

篇五 内廷内东路

小贴士

歇山顶

古代传统建筑屋顶形式之一。由一条正脊、四条垂脊、四条戗脊组成,也称为九脊殿。其特点为两侧坡面上部为垂直三角形墙面,称为山花。檐为四面坡。

是在斋宫斋戒,也可在养心殿进行。养心殿东暖阁后室东一间小室,为皇帝在养心殿斋戒时的寝室,无窗,内有仙楼为供佛之处。乾隆皇帝有《御制养心殿斋居雨后作》诗曰:"雨过河源爽气鲜,炎风不到黻屏边。咄哉无易由言尔,可忘周书廿七篇。"

第十九话 帝王家庙奉先殿

祭祖在中国古代无论是对帝王还是对于普通人家，都是一项重要的活动。按《周礼·考工记》载："匠人营国，方九里，旁三门，国中九经九纬，经涂九轨，左祖右社，前朝后市。"左祖即太庙，在宫城外左侧，是祭祀祖先的祖庙。明朝洪武三年（1370年），明太祖朱元璋以太庙时享未足以展孝思，于是在内廷建家庙奉先殿，方便朝夕焚香祭拜，随时可以尽孝心。明成祖朱棣迁都北京后，也在紫禁城内修建了奉先殿，不忘祭祀祖先。

紫禁城内奉先殿在乾清门的东侧、景运门之外。我们现在看到的奉先殿是清代重修的，位置与明代基本相同。据《国朝宫史》记载："世祖章皇帝以太庙时享，孝思未申，命稽往制建立奉先殿，顺治十四年（1657年）告成。前殿七楹，后殿如之。凡朔、望、荐新、岁时展礼及册封诸大典礼先期告祭，俱内务府掌仪司领其事。"

奉先殿分为前后两个殿。前为正殿，后为寝殿。前殿为举行祭祀仪式的地方，后殿平时供奉列圣列后神牌，中间为穿堂连成

奉先殿

工字殿形式，坐落在汉白玉须弥座上。奉先殿室内皆以金砖墁地，天花为浑金莲花水草纹。前殿面阔9间，进深4间，黄色琉璃瓦重檐庑殿顶，檐下彩绘旋子彩画。后殿面阔9间，进深2间，黄色琉璃瓦单檐庑殿顶，外檐彩绘旋子彩画。殿内9间分为9室，供奉列圣列后神牌，为"同堂异室"规制，每室各设神龛、宝床、宝椅等，前设供案、灯檠。

清代规制，凡遇当朝皇帝、皇太后诞辰、元旦、冬至及国有大庆等大祭仪式，还要将列帝列后神牌移到前殿祭享。遇列圣圣诞和列圣列后忌辰及诸令节庆典，在后殿上香行礼。

奉先殿前殿锡宝匣

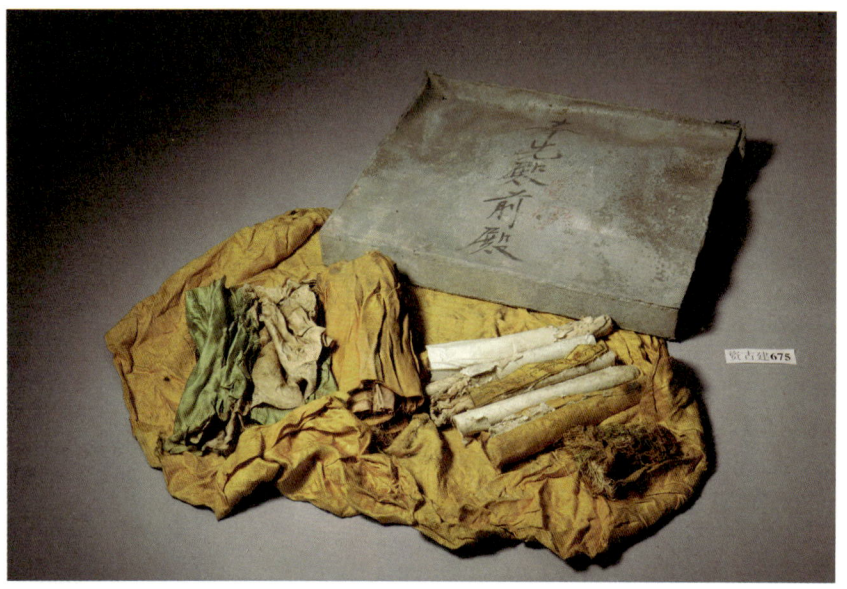

　　家庙所供，都是新应季且上好的食物，要月荐新，日供养。各月荐新不同，据《大明会典·礼部·庙礼·奉先殿》载，明代每月荐新如下：

正月：韭菜、生菜、荠菜、鸡子、鸭子。

二月：芹菜、苔菜、蒌蒿、子鹅。

三月：鲤鱼、茶、笋。

四月：樱桃、杏子、青梅、王瓜、雉鸡、猪。

五月：桃子、李子、夏至李子、红豆、砂糖、来禽、茄子、大麦仁、小麦面、嫩鸡。

六月：莲蓬、甜瓜、西瓜、冬瓜。

七月：枣子、葡萄、梨、鲜菱、芡实、雪梨。

八月：藕、芋苗、茭白、嫩姜、粳米、粟米、稷米、鳜鱼。

九月：橙子、栗子、小红豆、砂糖、鳊鱼。

十月：柑子、橘子、山药、兔、蜜。

十一月：甘蔗、鹿、雁、荞麦面、红豆、砂糖。

十二月：菠菜、芥菜、鲫鱼、白鱼。

到了清代，祭享仪式比明代更隆重，日常供奉之物还出现了带有满族特色的供品，如鹿肉、鲟鳇鱼等。嘉庆朝《钦定大清会典》载，每月荐新如下：

正月：鲤鱼、韭菜、鸭蛋。

二月：莴苣菜、菠菜、小葱、芹菜、鳜鱼。

三月：黄瓜、蒌蒿、云台菜、茼蒿菜、水萝卜。

四月：樱桃、茄子、雏鸡。

五月：杏、李、蕨菜、香瓜、雏鹅、桃、桑葚。

六月：杜梨、西瓜、葡萄、苹果。

七月：梨、莲子、榛子、菱、藕、雉。

八月：山药、栗实、野鸭。

九月：柿、雁。

十月：松仁、枣、蘑菇、木耳。

十一月：银鱼、鹿肉。

十二月：蓼芽菜、绿豆芽、兔、鲟鳇鱼。

唯立春用红梨、黄梨、棠梨；端阳用红梨、黄梨、樱桃；重阳用黄梨、槟子、桃。

小贴士

庑殿顶

也称四阿顶、五脊殿。古代传统建筑屋顶形式之一。由一条正脊和四条斜脊组成四面坡，有单檐、重檐之别。重檐庑殿顶为屋顶等级最高的形式。

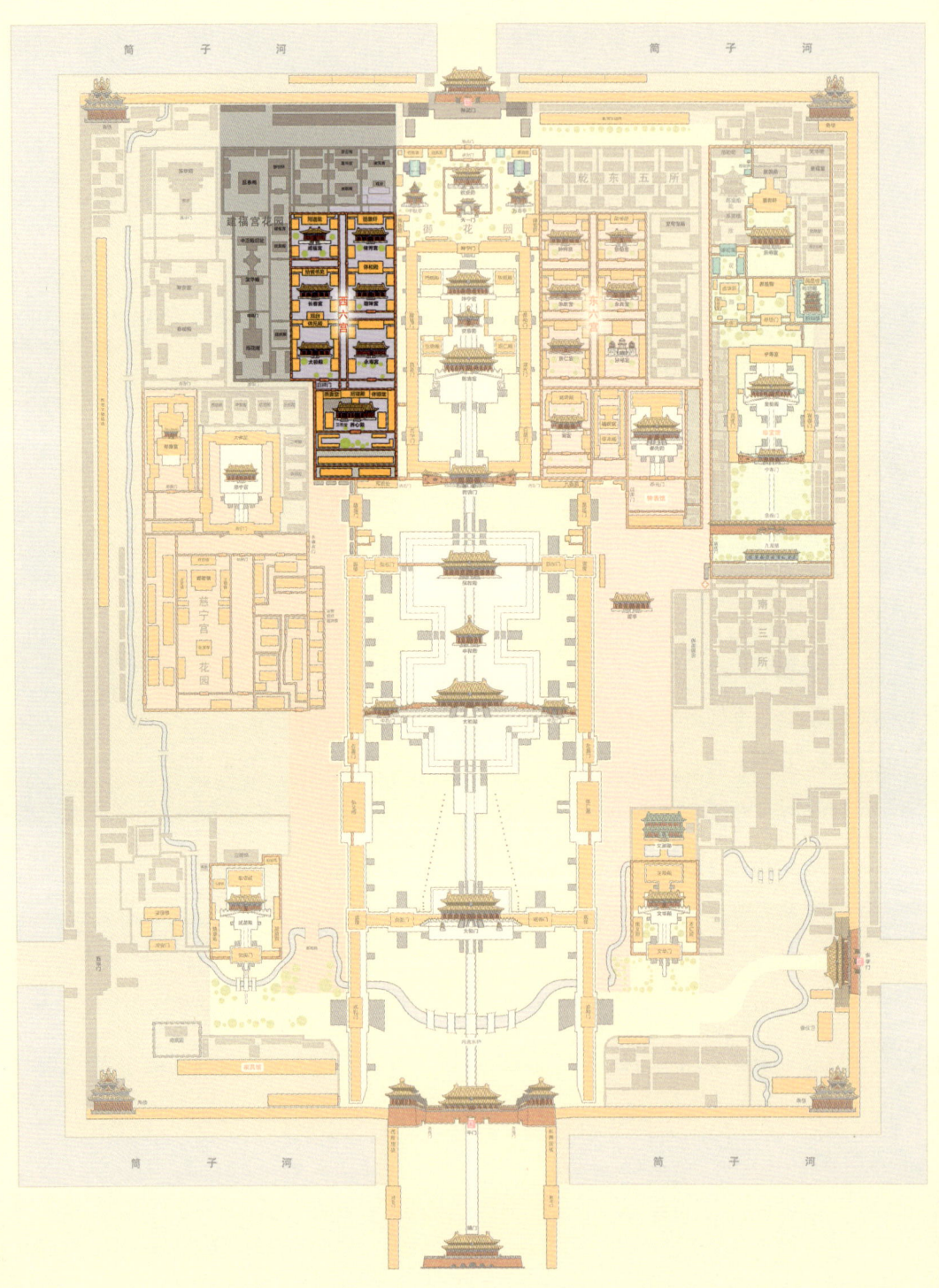

篇六　内廷内西路

从乾清门广场西侧的内右门往北，
就来到了内廷内西路。
除了有西六宫外，
这个区域还有养心殿、重华宫、建福宫等著名宫殿。

第二十话 史迹沉沉西六宫

西六宫为永寿宫、太极殿、长春宫、翊坤宫、储秀宫、咸福宫。清朝继承明代宫殿，东六宫基本上还保持着明永乐初建的样貌，西六宫则在清晚期进行了两次大规模的改建。咸丰九年（1859年），拆除了长春宫的长春门，在长春门和太极殿后殿的位置上新建了一座面阔5间的硬山式建筑体元殿。光绪十年（1884年），将储秀门拆除，在储秀门和翊坤宫后殿的位置上建起了一座体和殿，面阔5间，且带前后回廊。这两座宫殿建成以后，改变了西六宫的建筑格局。

篇六　内廷内西路

鸟瞰西六宫

永寿宫

永寿宫匾额

永寿宫位于翊坤宫南面、太极殿东面，是后宫之中离养心殿最近的一个宫，建于明永乐十八年（1420年），初名长乐宫，明万历四十四年（1616年）更名为永寿宫。清顺治十二年（1655年）、康熙三十六年（1697年）、光绪二十三年（1897年）都曾重修或大修，但仍基本保持明初始建时的格局。现存的永寿宫是光绪二十三年（1897年）大修过的。

永寿宫为两进院。前院正殿永寿宫面阔5间，黄琉璃瓦歇山顶。

明代因乾清宫发生火灾，万历皇帝也曾

永寿宫

篇六 内廷内西路

永寿宫内西府海棠盛开

单霁翔带你走进故宫 宫殿漫步

住此宫。崇祯皇帝曾在此宫斋居。

清雍正十三年（1735年），雍正皇帝崩，崇庆皇太后居永寿宫，乾隆皇帝居乾清宫南廊苫次，并至永寿宫问安。

清乾隆时期起，永寿宫殿内高悬乾隆帝御笔匾额"令仪淑德"，东壁悬挂《圣制班姬辞辇赞》，西壁悬挂《班姬辞辇图》。

乾隆六年（1741年），乾隆帝下令，内廷东西十一宫殿的匾额"俱照永寿宫式样制造"，自挂起之后不许擅动或更改。即或妃、嫔移住别宫，亦不可带往更换。十二座宫殿，都挂有匾额，这是乾隆年间制定的宫规。又于乾隆八年（1743年）十二月十二日发上谕：十二宫陈设器皿等件，布置停妥，永远不许移动，亦不许收贮。

这十二块匾额分别是：永寿宫的"令仪

乾隆帝御笔匾额"令仪淑德"

小贴士

固伦和孝公主
（1775-1823年）

高宗弘历的第十女，为高宗最小的女儿，惇妃汪氏所生。乾隆四十五年（1780年），高宗把公主许配给钮祜禄氏丰绅殷德，为御前大臣、军机大臣、户部尚书、大学士和珅之子。乾隆五十四年（1789年），固伦和孝公主下嫁。嘉庆四年（1799年），和珅伏法，丰绅殷德因公主免连坐。公主卒于道光初年。

淑德"、启祥宫的"勤襄内政"、长春宫的"敬修内则"、翊坤宫的"懿恭婉顺"、储秀宫的"懋修内治"、咸福宫的"内职钦奉"；钟粹宫的"淑慎温和"、承乾宫的"德成柔顺"、景仁宫的"赞德宫闱"、景阳宫的"柔嘉肃敬"、永和宫的"仪昭淑慎"、延禧宫的"慎赞徽音"。

清代的永寿宫因为距离慈宁宫、养心殿最近，所以屡次作为筵宴场所，在公主下嫁时宴请女眷。乾隆帝最心爱的小女儿固伦和孝公主下嫁和珅之子，就是在这里举行的筵宴。

光绪以后，此宫前后殿均设为大库，收贮御用物件。

太极殿

太极殿是一座很清静幽雅的宫殿，东西十二宫，唯有它以"殿"命名。太极殿原名未央宫。因嘉靖皇帝的生父兴献王朱祐杬生于此，故于嘉靖十四年（1535年）更名启祥宫。清代晚期改称太极殿。

乾隆帝为太极殿题匾"勤襄内政"。东壁悬挂大臣张照敬书《圣制姜后脱簪赞》，西壁悬挂《姜后脱簪图》。

太极殿原为二进院，清咸丰九年（1859年）改修长春宫时，将太极殿后殿辟为穿堂殿，后檐接出抱厦，并与长春宫及其东西配殿以转角游廊相连，形成回廊，东西耳房各开一间为通道，使太极殿与长春宫连接成相互贯通的四进院。后殿为体元殿，后檐接抱厦3间，为长春宫戏台。清光绪十年（1884年）慈禧太后五十寿辰，曾在此演戏达半月之久。

太极殿面阔5间，黄琉璃瓦歇山顶，前后出廊。外檐绘苏式彩画，门窗饰万字锦底团寿纹，步步锦支摘窗。室内饰石膏堆塑五福捧寿纹天花，系清末民初时所改。明间与东西次间分别以花梨木透雕万字锦地花卉栏杆罩与球纹锦地凤鸟落地罩相隔，正中设地

图上
太极殿

图下
太极殿的脊兽

太极殿的琉璃影壁

屏宝座。殿前有高大的云龙纹琉璃影壁,与东西配殿组成一个宽敞的庭院。

清朝皇后赴慈宁宫皇太后前行庆贺礼时,率贵妃、妃、嫔,着礼服乘舆出启祥门。

逊帝溥仪出宫前,同治帝的瑜贵妃亦曾在此居住。

图上 太极殿的大门
图下 太极殿的屏门

小贴士

抱厦

宫殿建筑前或后附加的凸出正殿堂外的建筑物，与宫、殿相接，一般无墙，多为后添建，也有原建。

长春宫

长春宫是明初紫禁城建成时的命名，嘉靖十四年（1535年）一度改称为永宁宫，后又恢复了原名。清康熙二十二年（1683年）重修，后又多次修整。咸丰九年（1859年）拆除长春宫的宫门长春门，并将太极殿后殿改为穿堂殿，咸丰帝题额曰"体元殿"。长春宫、太极殿两宫院由此连通。

乾隆帝为长春宫题匾"敬修内则"。东壁悬挂大臣梁诗正敬书《圣制太姒诲子赞》，西壁悬挂《太姒诲子图》。

长春宫正殿面阔5间，黄琉璃瓦歇山顶，前出廊，明间开门，设地屏宝座，左右有帘帐与次间相隔，梢间靠北设落地罩炕，为寝室。殿前左右设铜龟、铜鹤各一对。东配殿曰绥寿殿，西配殿曰承禧殿，各3间，前出廊，与转角廊相连，可通各殿。长春宫南面体元殿的后抱厦，为长春宫院内的戏台。东北角和西北角各有屏门一道，与后殿相通。后殿匾额曰"怡情书史"，与长春宫同期建成，面阔5间，东西各有耳房3间。东配殿曰益寿斋，西配殿曰乐志轩，各3间。后院东南有井亭一座。

篇六 内廷内西路

长春宫内景

体元殿后抱厦旧影（长春宫院内戏台）

　　明代天启皇帝的妃子李氏就曾经在此居住。清代乾隆皇帝最敬爱的孝贤纯皇后，一直居住和生活在这里。孝贤纯皇后就是大家熟悉的"富察皇后"。她出身名门，是察哈尔总管李荣保之女，太子太保、保和殿大学士傅恒的姐姐。雍正五年（1727年）七月十八日，雍正帝的四子弘历与富察氏举行了隆重的婚礼，婚后两人感情很好。弘历登基后，富察氏即为皇后，弘历赐皇后富察氏居长春宫。可惜的是，这位知书达理、聪慧美丽的贤后却红颜薄命、天命不永。在37岁那年，她随乾隆皇帝南巡时，病逝在德州的船上。

　　晚清时期，同治皇帝即位后，为了辅佐幼年皇帝，慈安、慈禧两太后曾一起居住

长春宫回廊墙壁上的《红楼梦》壁画（张淑娴供图）

小贴士

乾隆皇帝的六次南巡

第一次，乾隆十六年（1751年）正月十三日出发；第二次，乾隆二十二年（1757年）正月十一日出发；第三次，乾隆二十七年（1762年）正月十二日出发；第四次，乾隆三十年（1765年）正月十六日出发；第五次，乾隆四十五年（1780年）正月十二日出发；第六次，乾隆四十九年（1784年）正月二十一日出发。第六次出发时，乾隆皇帝已经 74 岁。六次南巡，乾隆皇帝在游览各地名胜的同时，也视察河工和海塘、阅兵、查看织造机房、谒孔庙等。乾隆皇帝南巡对稳定政局、促进经济发展、沟通南北文化都起到了积极作用。

于此。末代皇帝溥仪退位未出宫前，他的淑妃文绣也居住于长春宫内。

在长春宫院落的四周回廊墙壁上，绘制有 18 幅以《红楼梦》为题材的巨幅壁画，高度与墙同高，宽度不一，属清晚期作品。这组壁画采用西洋透视学原理，用中国古代绘画的手法绘制而成。整组画面布局完整、构思精巧、笔触娟秀，观画者宛若进入画中，与红楼人物共处。壁画所绘的场景都是人们所熟悉的《红楼梦》里的场景，如"太虚幻境""贾母游园"等。由于壁画画于回廊之中，风吹日晒，颜色不再鲜艳。

翊坤宫

翊坤宫原来称为万安宫。明嘉靖十四年（1535年）改为翊坤宫。清代曾多次修缮，原为二进院，清光绪年间为庆贺慈禧五十大寿，将翊坤宫与储秀宫相连，形成四进院的格局。

正殿面阔5间，黄琉璃瓦歇山顶，前后出廊。梁枋饰以苏式彩画。明间正中上悬慈禧太后御笔"有容德大"匾。殿前台基下陈设铜凤、铜鹤、铜炉各一对。东配殿"庆云斋"、西配殿"道德堂"皆慈禧太后御笔。

《清宫述闻》记载："初，翊坤宫前殿，恭悬高宗纯皇帝御笔匾，曰'懿恭婉顺'。东壁悬张照敬书《昭容评诗赞》，西壁悬《昭容评诗图》，后殿恭悬御笔'懋端壸教'。"

光绪十年（1884年），慈禧太后五十寿辰时，曾移居储秀宫，在此接受朝贺。光绪十三年（1887年），慈禧太后为17岁的光绪举行选秀，光绪帝在体和殿被迫纳慈禧侄女叶赫那拉·静芬为皇后（即隆裕皇太后），并选瑾、珍两妃。溥仪逊帝时曾在正殿前廊下安设秋千，现秋千已拆，秋千环尚在。

翊坤即辅佐皇后管理六宫之意。与东

翊坤宫

篇六 内廷内西路

图上 庆云斋
图下 道德堂

图上 秋千环

图下 "明盛"这两个字有什么特别之处?读者朋友们来找一找吧

小贴士

秋千节

明代宫中节令习俗。每年三月初四,宫眷、内臣均换穿罗衣。清明这天为秋千节,均戴柳枝于鬓。坤宁宫及东、西各宫中均安秋千一架。凡各宫中的沟渠,都在这个时候进行清理疏通的工作。大铜缸也会被刷洗一新。

六宫的承乾宫之"顺承、奉天"相对应。这是一座虽不张扬,却处处透着贵气的院落。翊坤宫的影壁门上书有大幅烫金"光明盛昌"字样。

储秀宫

储秀宫位于咸福宫之东、翊坤宫之北，为西六宫最北的一处院落，明初建时称为寿昌宫，于嘉靖十四年（1535年）改称储秀宫。

储秀宫为单檐歇山顶，面阔5间，前出廊。檐下斗栱、梁枋饰以苏式彩画。东、西配殿分别为养和殿、绥福殿，均面阔3间，硬山顶建筑。后殿丽景轩面阔5间，单檐硬山顶，东、西配殿分别为凤光室、猗兰馆。

储秀宫是慈禧太后一生中最重要的宫殿。慈禧入宫后曾居住储秀宫后殿，并在此生下同治皇帝。光绪十年（1884年）慈禧太后五十大寿时又移居储秀宫，并将后殿定名为丽景轩。

储秀宫见证了晚清的许多宫中大事。"储"，意为积蓄；"秀"，寓意美好。储秀宫即意味着积蓄美好的人和事物。清代曾多次修葺，光绪十年为庆祝慈禧太后五十寿辰，耗费白银63万两进行大规模整修。储秀宫前殿台基下东西两侧安置一对戏珠铜龙（储秀宫是东、西六宫中唯一有铜龙陈设的宫殿）和一对铜梅花鹿，为光绪十年慈禧太后五十大寿时所铸。

图上
储秀宫

图下左
储秀宫的东配殿

图下右
储秀宫的西配殿

单霁翔带你走进故宫
宫殿漫步

储秀宫内景

160

图上
储秀宫的房檐

图下左
储秀宫的匾额

图下右
储秀宫的琉璃装饰

单霁翔带你走进故宫

宫殿漫步

图上
储秀宫是东、西六宫中唯一有铜龙陈设的宫殿

图下
储秀宫的铜梅花鹿

改建为西餐厅的丽景轩

小贴士

紫禁城里的西餐
末代皇帝溥仪和皇后婉容都是西餐爱好者。溥仪16岁生日的时候，就特意让宫中的御膳房为他的生日宴准备了西餐。溥仪大婚的时候，北京饭店还为他准备了法国餐点。他和婉容都爱吃西餐，索性在宫里设立了一个"番菜厨房"，请了擅长西餐的厨师进宫为他们烹饪大餐。

1922年，已退位的宣统皇帝溥仪大婚，皇后婉容入宫后居住在储秀宫，将慈禧时代的储秀宫融入西洋元素，并将后殿丽景轩改建为西餐厅，安装豪华水晶吊灯，陈设西洋钢琴。1924年，冯玉祥发动"北京政变"。11月5日，溥仪被冯玉祥逐出紫禁城，婉容也随之离宫。

咸福宫

咸福宫是坐落在西六宫靠近西北侧的一处院落，初名寿安宫。明嘉靖十四年（1535年）更名为咸福宫。

咸福宫为两进院，正门叫咸福门，为黄琉璃瓦门，内有4扇木屏门影壁。前院正殿就是咸福宫，面阔3间，黄琉璃瓦庑殿顶，形制高于西六宫中其他五宫，与东六宫相对称位置的景阳宫形制相同。前院有东西配殿各3间，硬山顶，各有耳房数间。

后院正殿为同道堂，面阔5间，歇山顶，东西各有耳房3间。这里曾经是乾隆皇帝焚香抚琴的地方。乾隆皇帝在东室珍藏着几把名贵的古琴，他还亲笔题写了"琴德簃"的匾额高悬其上，"并命画史写南薰之图"，可见其重视至极。清宫廷画师沈源所绘制的《琴德簃图》，其上有乾隆题跋："我皇考所贻古琴以宋制鸣凤、明制洞天仙籁为冠，皆有御铭。每一静对，穆然神移，不待抚弦动操始知至德之和平也，因箧藏于咸福宫东室，而以琴德颜其楣，并命画史写南薰之图。嵇康赋云'理重华之遗操，慨远慕而长思'，实获我心矣。乾隆敬识。"

咸福宫

单霁翔带你走进故宫
宫殿漫步

咸福宫旧影

西室叫画禅室，这个名字的由来是有故事的。画禅室是明代晚期书画家董其昌的书斋斋名。清乾隆十二年（1747年），乾隆帝得到了两张画作，都是董其昌画禅室的旧藏，一张是王维的《雪溪图》，一张是米元晖《潇湘白云图》。乾隆帝把这两张画小心地存放在咸福宫，还把存画的屋子命名为画禅室。

同道堂亦有东西配殿，堂前东南有井亭一座。

乾隆帝为咸福宫题匾"内职钦承"。殿内东壁悬挂大臣汪由敦敬书《圣制婕妤当熊赞》，西壁悬挂《婕妤当熊图》。

咸福宫于乾隆年间改为皇帝偶尔起居之处。嘉、道年间，这里一度成为皇帝守丧的倚庐。嘉庆四年（1799年）正月时，嘉庆帝为乾隆太上皇治丧。他特别下旨，在咸福宫内安设守灵处所，不设床，仅铺白毡、灯草褥，以此宫为苫次，同年十月才移居养心殿。嘉庆皇帝驾崩后，继位的道光皇帝也在咸福宫为他治丧倚庐。

慈禧太后还是懿贵人时便居于此，日后咸丰帝遗留给慈安、慈禧的两枚印章中，慈禧的那一枚就叫"同道堂"。同道堂内有咸丰皇帝的御笔"克敬居"。

小贴士

中和韶乐

明清两代的宫廷雅乐。明以前不见记载，至明洪武初年开始有这种称呼，清朝沿用。中和韶乐主要用于祭祀和朝会。由金、石、丝、竹、土、革、匏、木八类质料所制的乐器组成乐队，进行演奏。

第二十一话 理政决策养心殿

养心殿地处西六宫最南端。这一处院落整体结构紧凑、深邃，房屋建筑略显低矮，但布局灵活、隐秘性强。养心殿区域南北长约94.8米，东西宽约81.3米，占地约7707平方米。包括养心殿、工字廊、后殿、梅坞等18座建筑，总建筑面积约3887平方米。养心殿始建于明嘉靖十六年（1537年），是营建资料保留最完整的皇家宫殿建筑之一，也是世界记忆遗产清代样式雷建筑图档的实物见证。养心殿，其名出自《孟子》"养心莫善于寡欲"。在明代，养心殿是皇帝起居听政之外闲居的宫殿，也是皇帝日常用膳的地方。清初顺治、康熙时期，养心殿也是皇帝闲暇时候驻留的地方。从雍正帝移居养心殿开始，养心殿的功能发生了重大的变化，成为皇帝寝宫，并取代乾清宫成为皇帝日常政务活动的中心，几乎见证了雍正朝以后清代历次重大历史事件的发生，是清代皇帝高度集权的政治体制下的中心场所。南边设有军机处，相当于皇宫的"办公厅"，东边设有九卿值房，为高级官员等待皇帝接见的地方。此后直至清末，这里一直是清朝政务决策地，所有关乎军国大事的决

养心殿外景

篇六 内廷内西路

策几乎都是在此处产生,并宣布于天下,而步入此地的大臣无一例外是由皇帝宣召而来。

养心殿是清朝盛期理政空间的典范,是乾隆皇帝"内圣外王"人生追求在紫禁城内最具代表性的艺术表达,集中体现了乾隆皇帝的治世理想与人文修养,也是中国古代多元文化和谐共生以及中西文化交流的艺术结晶。养心殿为"工"字形,前后殿间以穿廊相连,形成前朝后寝的格局,殿内布局丰富,功能集中,厅堂、书房、寝室以及分别

图上　养心殿后殿内景
图下　养心殿燕喜堂

用来批阅奏折、密谈、休憩、礼佛的小室一应俱全。前殿东西两侧有配殿，后殿两侧有耳房，名为体顺堂和燕喜堂。

养心殿内现存各类室内外陈设1890件，涉及铜器、玉器、瓷器、木器、书画、古籍等，均具有极高的文物价值。养心殿集中体现了清代建筑艺术中满蒙汉文化、佛教艺

养心殿明间

术,以及西方文化的多元共生。

如今,养心殿是故宫博物院里最著名、最受欢迎的宫殿之一,每日到此游览的观众总是熙熙攘攘、络绎不绝。游览至此,人们可以看到依照历史进行还原的陈设,也可以去寻找关于雍正皇帝、三希堂或是垂帘听政的逸事。养心殿正殿明间便是皇帝召见大臣、商讨政务的地方,正殿中高悬雍正皇帝手书"中正仁和"匾,因此正殿又被称为中正仁和殿。匾的下方为皇帝的黄花梨木宝座,前方设有楠木黄缎套案桌。宝座后面的屏风上为乾隆皇帝御书"保泰常钦若;调元益懋哉"联,宝座下方的台基上陈设有用端、香筒,台基的两侧安放有书架。

养心殿东暖阁从雍正朝开始,是举行元旦开笔仪式的地方,称为"明窗开笔"。雍正朝以后,历朝皇帝均沿袭此典,成为清代的一项定制。到了清代末年,东暖阁成为慈禧太后"垂帘听政"的场所。东暖阁的东墙下设有两宫皇太后的御座,御座前方为皇帝宝座,御座与宝座之间隔着纱帘,垂帘听政在同治、光绪两朝共持续了27年。

养心殿西暖阁是皇帝处理日常政务、单独接见大臣、批阅殿试考卷的地方。西暖阁北墙上悬挂的"勤政亲贤"匾为雍正皇帝御题,因此此处又被称为勤政亲贤殿。雍正皇帝确实做到了勤政,他常常不分昼夜地召见军机大臣商讨政事,夜以继日地批阅密折。"勤政亲贤"匾下方的屏文是乾隆皇帝的诗句,而两侧则为雍正皇帝著名的"唯以一人治天下;岂为天下奉一人"联。

三希堂是养心殿前殿最西面一间临南窗隔出的一间小室,虽名为"堂",却只有4.8平方米,是乾隆皇帝读书、写作的地方。乾隆十二年(1747年),鉴于王羲之《快雪时晴帖》、王献之《中秋帖》、王珣《伯远帖》为稀世珍宝,乾隆皇帝下令将其

图上 养心殿后殿东暖阁

图中 养心殿东暖阁垂帘听政处

图下 养心殿西暖阁

三希堂

篇六　内廷内西路

贮于一间小小的雅室，并因之赐名为"三希堂"，为的是让"墨迹经数千百年治乱兴衰、存亡离合之余适然荟萃于一堂"。三希堂内悬挂有乾隆皇帝御笔"三希堂"匾，以及"怀抱观古今；深心托豪素"的联语，这是乾隆皇帝鉴赏古物、读书怡情之处，也最能体现乾隆皇帝对汉文化的热爱。

晋 王羲之《快雪时晴帖》

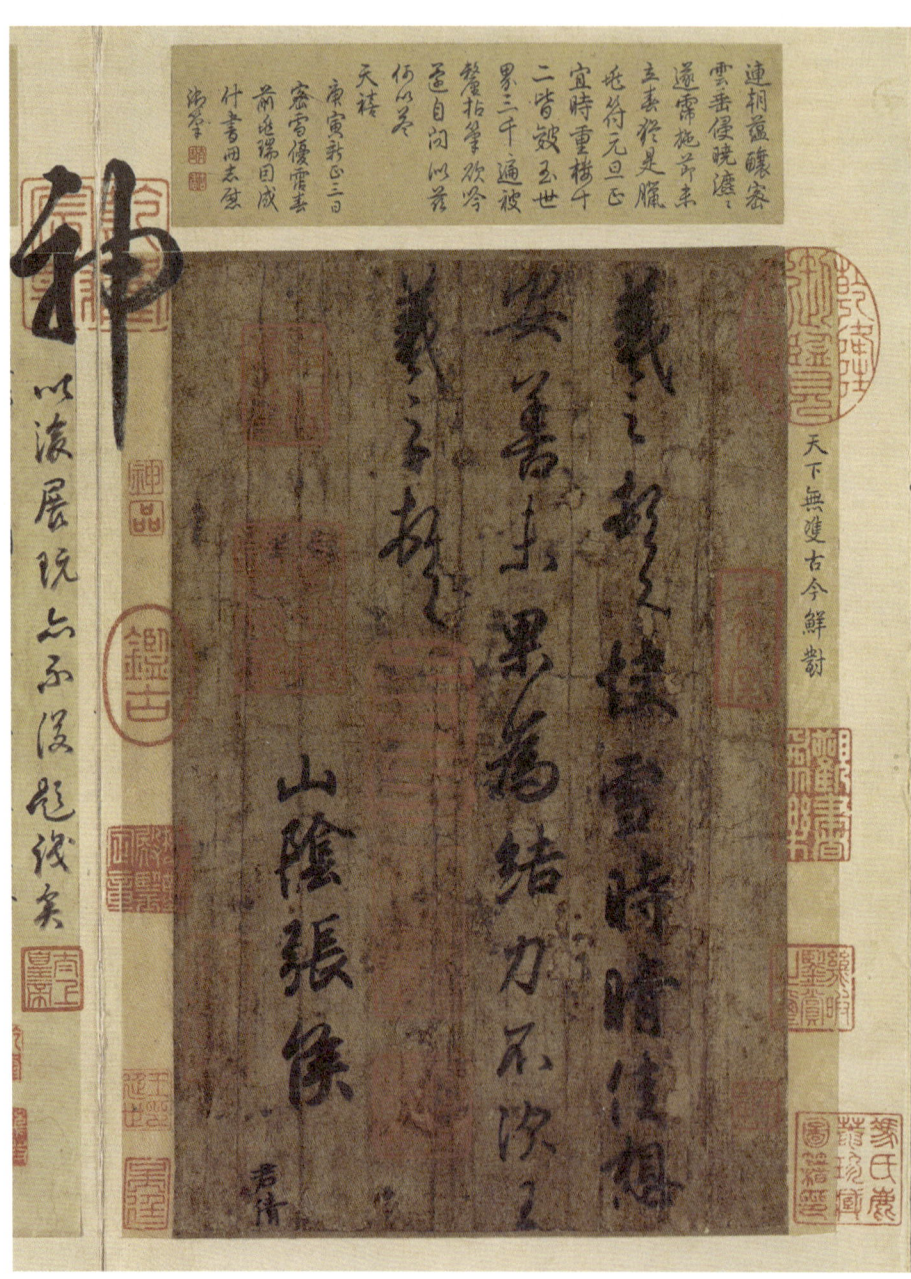

晋
王献之《中秋帖》

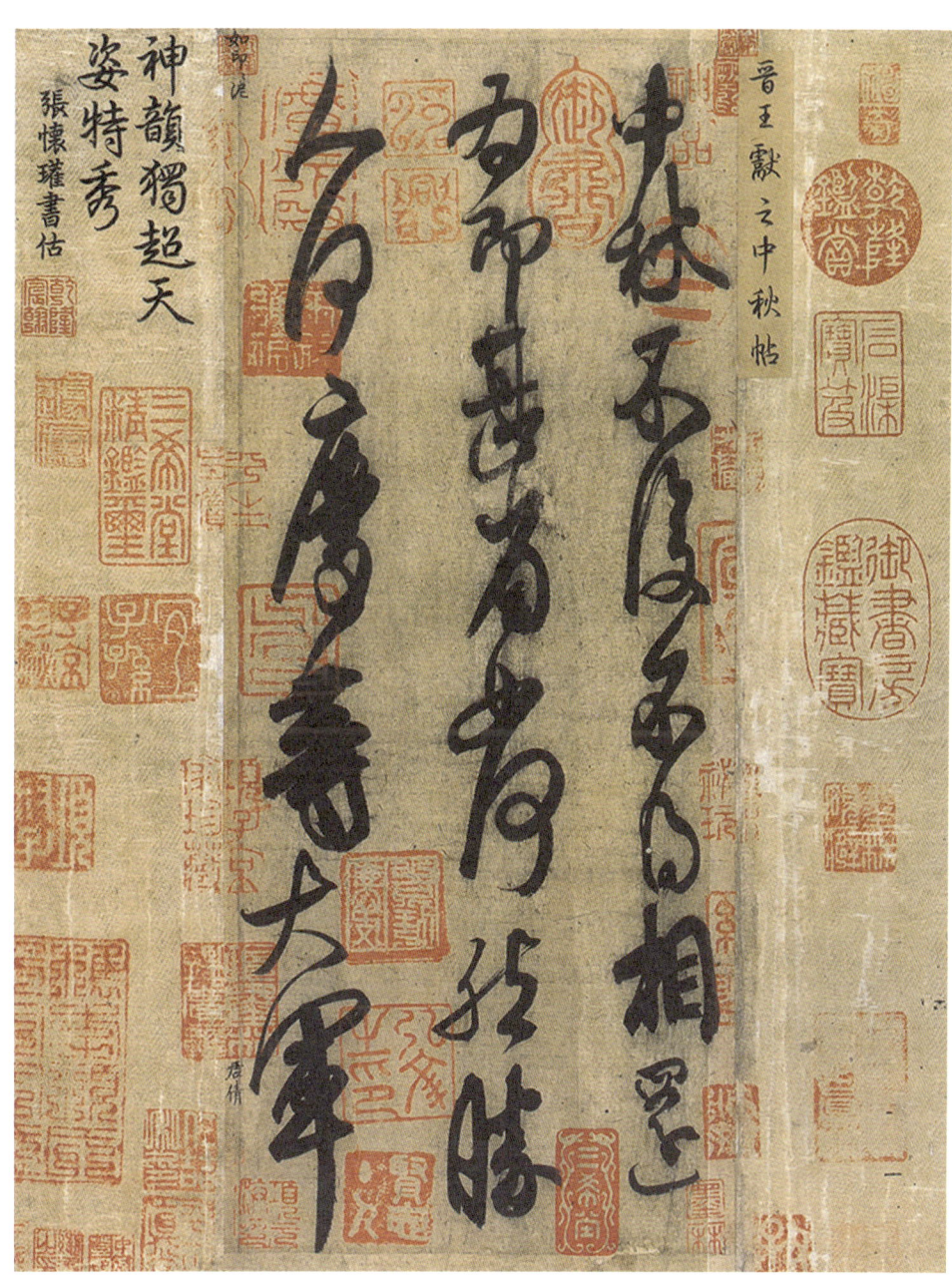

神韵独超天
姿特秀
张怀瓘书估

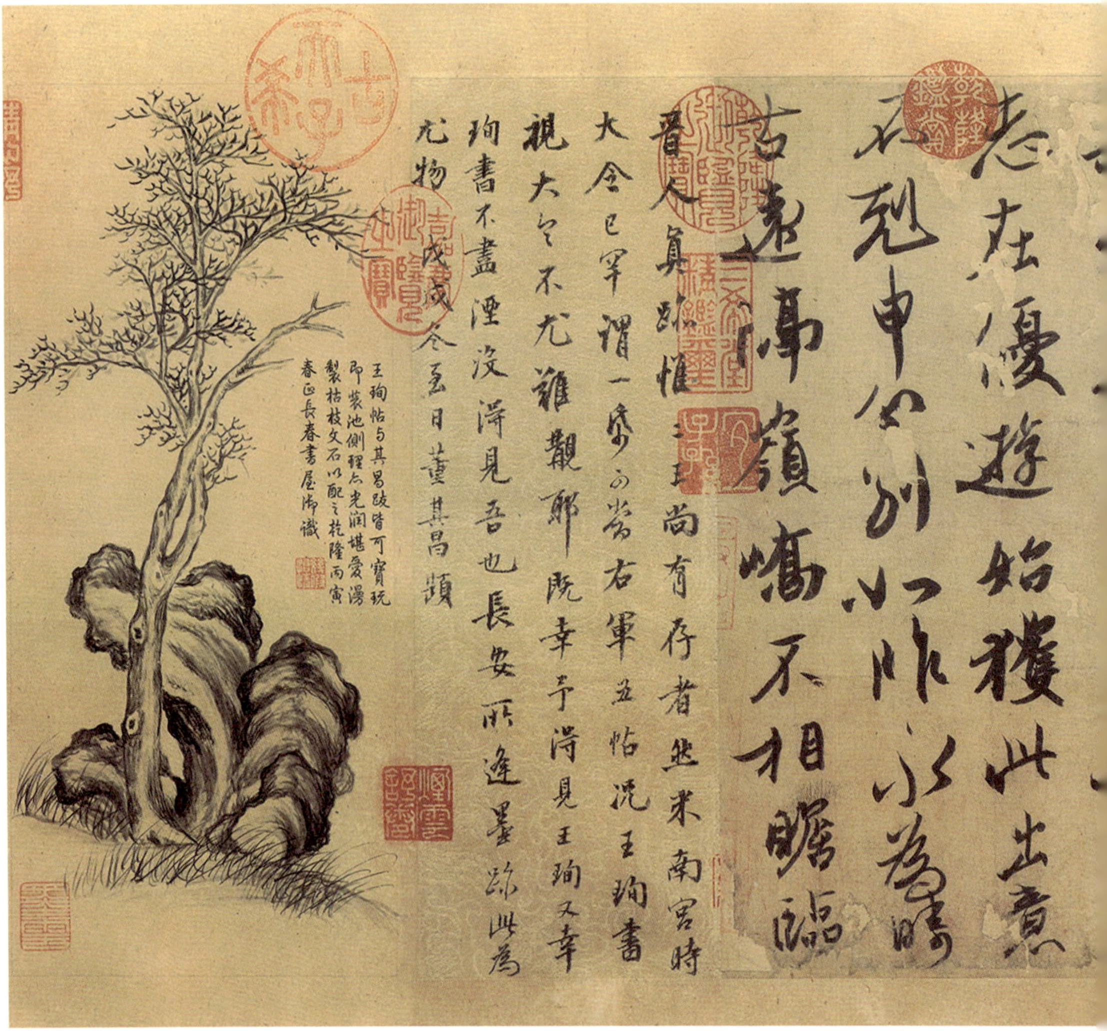

单霁翔带你走进故宫
宫殿漫步

晋 王珣《伯远帖》

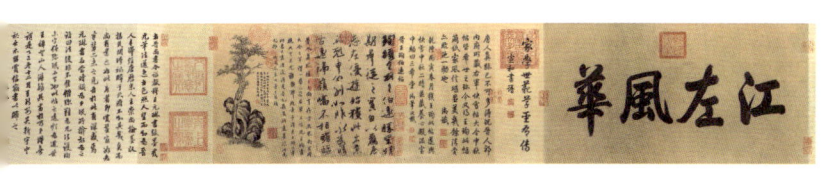

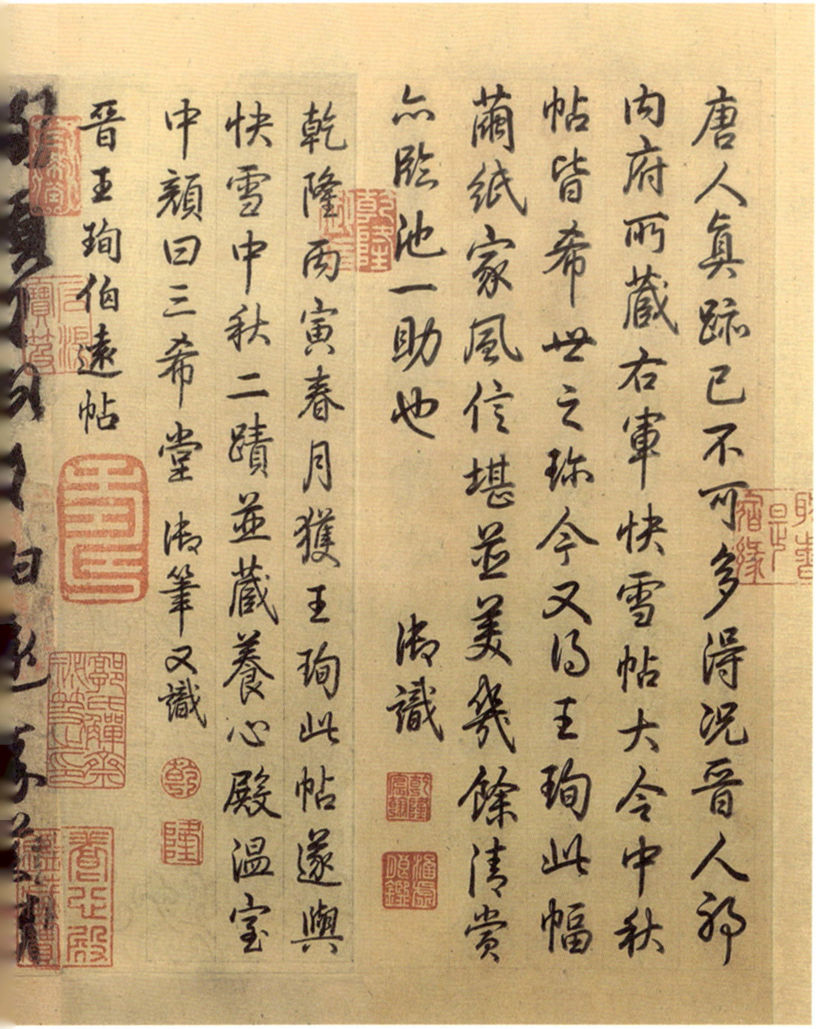

唐人真跡已不可多得況晉人邪
内府所藏右軍快雪帖大令中秋
帖皆希世之珎今又得王珣此幅
蘭紙家風信堪並美發餘清賞
不啻池一助也 御識
乾隆丙寅春月獲王珣此帖遂與
快雪中秋二蹟並藏養心殿温室
中顔曰三希堂 御筆又識
晉王珣伯遠帖

小贴士

明窗开笔

元旦凌晨，皇帝到养心殿东暖阁明窗处开笔。明窗开笔始于雍正皇帝，以后各代皇帝沿袭。开笔前，桌子上放好"金瓯永固"杯，杯里倒满屠苏酒。开笔时，先蘸朱墨，写吉语；再用墨笔蘸墨，写吉语。所用毛笔笔管上写有"万年青管"或"万年枝"等字。举行这种开笔仪式，为的是祈求在新的一年里，政和事理、国泰民安。

第二十二话 尧天舜日重华宫

重华宫位于西六宫以北，原为明代乾西五所之二所。这里是乾隆皇帝做皇子时居住的地方，乾隆皇帝即位后，对这个肇祥之地进行了升级改造，改名为重华宫。

在明朝的时候，重华宫居住的是一些资格老、地位高的宫女们。到了清代，这里就作为幼年的公主、皇子们的居住地了。"重华"一词取自舜帝的名。乾隆帝将此处宫殿命名为重华宫，勉励自己也能像古代贤良的皇帝一样，政清德明，做出一番业绩。

重华宫是由三个不同的院落组成的一套多用途的小型宫殿群，以正中的一座三进院的殿宇为主，称为重华宫，东边为漱芳斋，西边是建福宫花园。主院由三座宫殿构成：前殿是崇敬殿，中殿是重华宫，后殿为翠云馆。

崇敬殿面阔5间，进深3间，黄琉璃瓦歇山顶，正中悬挂雍正皇帝御笔题写的匾额"乐善堂"。崇敬殿的作用，相当于重华宫的客厅。

中殿重华宫，为弘历旧时居住的卧室。重华宫面阔5间，进深1间，黄琉璃瓦硬山顶。殿内东室有匾名"芝兰室"。北墙上挂剔

篇六　内廷内西路

图上　重华宫

图下　重华宫内景

青玉御制《重华宫记》册

红乾隆《御制八徵耄念之宝记》，为大臣诺穆亲敬书，这是乾隆当太上皇以后的作品。西室是弘历大婚的洞房，当年女方娘家陪嫁的楠木大橱柜，至今依然矗立在西次室北墙旁。重华宫东西各有一座配殿，东边的叫葆中殿，西边的叫浴德殿。

后殿为翠云馆，翠云馆在乾隆三十六年（1771年）重修，黑漆描金装修，非常精美，是乾隆皇帝即位前读书的地方。这里有一件很有特色的物品。书房的门旁墙壁上挂有嘉庆皇帝敬献给太上皇的珠宝镶嵌花鸟画，上有"颙御制"题款字样，而落款是"子臣颙琰敬书"。嘉庆帝虽然已经是皇帝了，但面对自己的父亲，仍然遵守孝礼，恭敬地称臣。

每年正月乾隆皇帝都要在重华宫举行茶宴联句。参加茶宴的人由皇帝亲自选定，多为诸王、大学士、内廷翰林等。一般是由皇帝出题，先出御制句定韵，然后群臣依韵恭和，内容都是颂扬盛世的吉语。

乾隆皇帝晚年把自己从前与富察皇后一起居住的房间按原貌布置，室内陈设富察皇后的嫁妆，祖父、父亲两代老皇帝和自己母亲所赐之物，以及自己做皇子时的常用东西。

小贴士

三清茶

清乾隆、嘉庆年间在重华宫举行茶宴联句时所用的茶。但三清茶并不是用茶叶泡的茶，"三清"是指松实、梅花、佛手。茶宴上不赐馔、不赐酒，以果品为席。茶宴结束后，参加宴会的人可以得到宴会上所用的特制的杯子。

第二十三话 复建杰作建福宫花园

紫禁城内共有 4 座皇家花园，其中建福宫花园位于紫禁城内西北隅，于清代乾隆初年建成，因其随建福宫而建，故名"建福宫花园"。这座花园占地约 4020 平方米，园内有建筑 10 余座，包括殿堂宫室、轩馆楼阁无所不有，不仅建筑形式各异，而且建筑布局也较灵活。花园东部以轴线控制，布局不失皇家建筑的严谨气氛，西部以延春阁为中心向心布局，建筑形式也多体现了乾隆时期灵活多变、丰富多彩的特点。

乾隆皇帝对建福宫花园非常满意，将其所珍爱的奇珍异宝收藏于此，此后，建福宫花园一带一直作为皇家珍宝的收藏地。

十分遗憾，90 多年前的 1923 年 6 月，建福宫花园区域发生火灾，这座皇家花园的精美建筑，包括静怡轩、延春阁、敬胜斋及中正殿等皆焚于火，连同无数珍宝化为灰烬。

1999 年，故宫博物院启动了建福宫花园复建工程。复建工程由中国文物保护基金会（香港）捐资支持，于 2000 年 5 月正式开工，历经 5 年，至 2005 年竣工，成为故宫博物院举办文化交流活动的重要场所。

篇六　内廷内西路

在延春阁内俯瞰紫禁城

延春阁

园内建筑以延春阁为中心,北有敬胜斋、吉云楼;西有碧琳馆、妙莲华室、凝晖堂;西南有静室;南有略呈月牙形堆山、玉翠亭;东有游廊;东北有静怡轩。东为建福宫、抚辰殿。

延春阁是园中的主体建筑,外观虽为两层,内实为三层,为有夹层的楼阁式做法,其中底层隔间较多,而且真门、假门分置其中,一旦身临其境,即令人虚实莫辨,故有"迷楼"之称。此阁为观景之地,是赏雪、听雨、观花的理想地点。

敬胜斋为上下二层阁楼。上阁匾为"旰食宵衣"。敬胜斋为藏

敬胜斋

小贴士

轩
古代建筑形式的一种。多为四周无墙开敞之建筑，或者厅堂之里外有廊者。轩多建于花园内。

书和读书之所。

碧琳馆在延春阁的后面，后檐靠着西宫墙。馆分两层，馆前有假山和翠竹，是建福宫花园内小而美的一处景观。

妙莲华室在碧琳馆的南边，原为园中的佛堂，内有两副楹联，一副是"青莲法界本清净；白毫相光常满圆"，另一副是"转谛在语言而外；悟机得真实之中"。

静怡轩与建福宫位于同一南北轴线上，面阔5间，进深3间。轩前庭院曾种植梅树两棵，乾隆皇帝还为它们写过诗。静怡轩初建时作为寝宫使用。

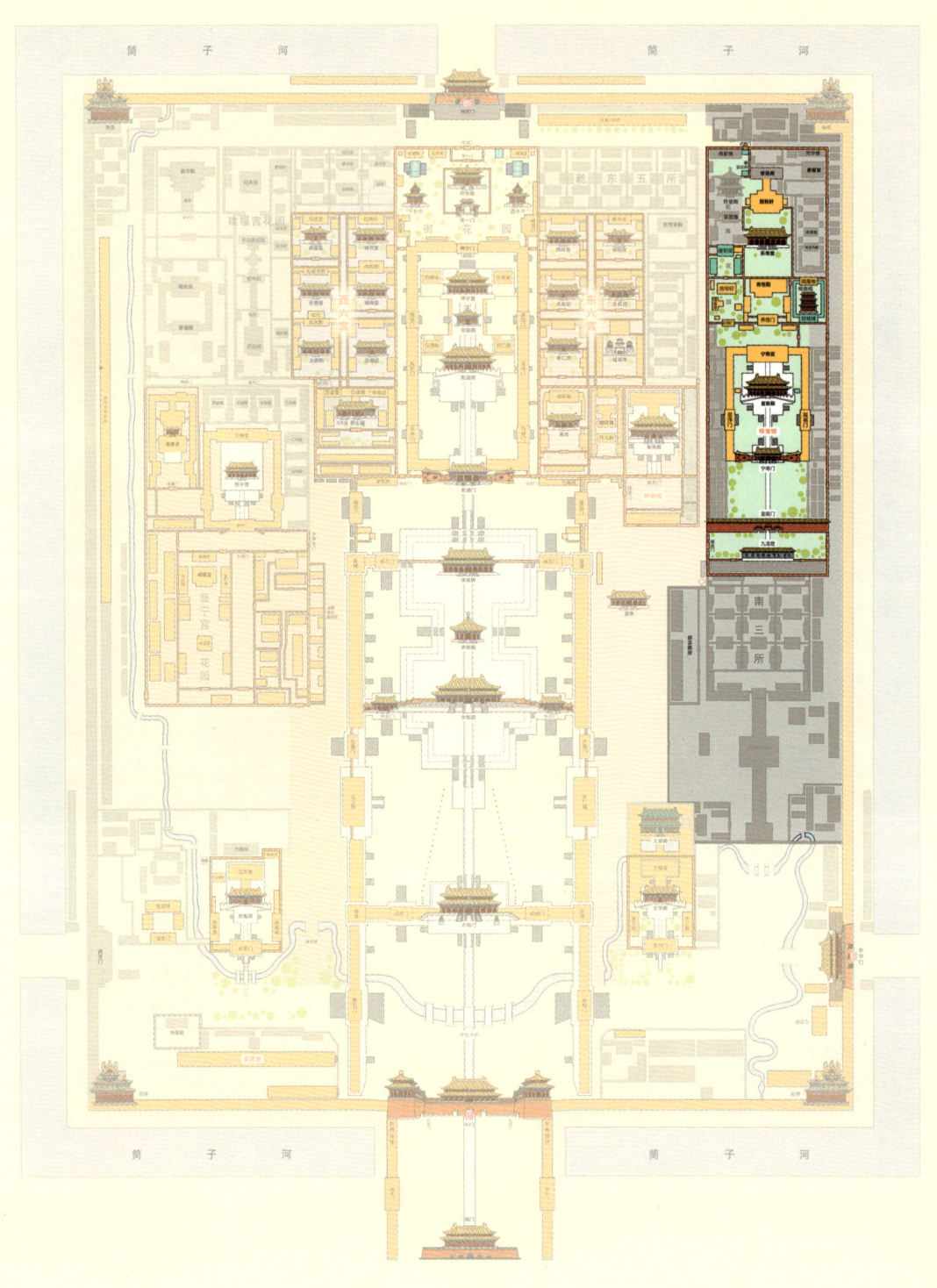

篇七　内廷外东路

内廷外东路在东筒子以东，
主要为宁寿宫区，又称宁寿全宫。

第二十四话 归政颐养宁寿宫

在紫禁城的东北部，有一组规划整齐、布局雅致的宫殿建筑群，称为宁寿全宫。清康熙二十八年（1689年），玄烨为了奉养顺治的皇后孝惠章皇后，特修建了宁寿宫。乾隆皇帝即位后就曾表示，自己只当60年的皇帝，不能超过他的祖父康熙皇帝。乾隆三十七年（1772年），人到中年的弘历决定将宁寿全宫辟为他归政后的颐养之所，遂按照正殿正宫、前朝后寝的传统规制格局进行了大规模的重修。总体建筑分南北两部分，南半部是太上皇接受群臣朝拜受贺的前朝宫殿，北半部是生活居住的后寝。宁寿全宫前部以皇极殿、宁寿宫为主体，后部分东、中、西三路，东路有畅音阁、阅是楼等，中路有养性殿、乐寿堂、颐和轩、景祺阁等，西路为宁寿宫花园，俗称乾隆花园。现在，宁寿全宫依然保持着乾隆时期原貌，是故宫博物院珍宝馆的所在地。

乾隆皇帝历时5年，耗费白银143万两，修建了这处占地46000平方米的宫殿群。皇极殿是核心建筑，相当于皇帝居住的乾清宫，是太上皇接受群臣朝贺的礼堂，但其形

宁寿宫

式却是完全仿照太和殿而建，面阔9间，进深5间，黄琉璃瓦重檐庑殿顶，是建筑中的最高等级。殿前出月台一层，青白石须弥座，周有汉白玉石栏杆，前出御路接甬道与宁寿门相连，甬道两侧及月台左右各设台阶。月台上两侧摆放着日晷、嘉量，铜龟、铜鹤各一对，鼎炉两对。正殿正中原设有宝座，东设铜壶滴漏，西设大自鸣钟。

嘉庆元年（1796年）元旦，乾隆皇帝在太和殿授"皇帝之宝"给嘉庆皇帝；4天后，已是太上皇的弘历便在皇极殿举行了隆重的千叟宴。这次参与宴会的为70岁以上的王公、百官、兵、民、匠杂役等共3056人，另有未入宴，只列名邀赏的5000人，还有外国

单霁翔带你走进故宫
宫殿漫步

图上 皇极殿的匾额
图下 皇极殿

篇七 内廷外东路

图1 皇极殿殿内的匾额
图2 皇极殿前的望柱
图3 皇极殿隔扇门的裙板
图4 皇极殿前的日晷
图5 皇极殿的宝座
图6 皇极殿前的嘉量
图7 皇极殿前的丹陛石
图8 通往皇极殿甬道上的螭首

乐寿堂

使臣参加。

光绪二十年（1894年），慈禧太后六十岁寿辰时，在皇极殿行受贺礼。十年后，光绪三十年（1904年），慈禧太后七十岁寿辰，又在皇极殿接受外国使臣的祝贺。

皇极殿后面的宁寿宫面阔7间，进深3间，单檐歇山顶，仿坤宁宫的形制而建。

进入皇极殿之前我们还要看一下宫殿前的大门。这里跟其他宫殿不太一样，有两座大门。最外面那座门叫皇极门，第二座门叫宁寿门。为什么会这样？原来在康熙年间，这片宫殿群的顺序是宁寿门、宁寿宫、宁寿宫后殿。乾隆皇帝既然把这里当成他归政之后的居所，太上皇的宫殿叫宁寿宫，显然

皇极门

不够气派。于是乾隆皇帝把宁寿宫改成皇极殿，把后殿改称宁寿宫，但爷爷康熙帝命名的宁寿门不能改，留着宁寿门，乾隆帝在前面加了一道牌坊式的大门，命名为皇极门。这也是皇极殿的特别之处。

皇极门对面，就是著名的"九龙壁"，烧制于乾隆年间。整座九龙壁是用270块各色琉璃烧制拼接而成，高3.5米，壁长29.4米，厚0.45米。9条龙以高浮雕的手法雕制，腾云驾雾出现在海水江崖之中，气势磅礴。整个九龙壁分为5个空间。最引人注目的是居于正中的黄色的龙，它正对着皇极门，龙身环曲，将火焰宝珠托于头下，威风凛凛。

单霁翔带你走进故宫
宫殿漫步

图上
宁寿门

图中左
宁寿门的匾额

图中右
宁寿门的天花

图下
宁寿门前的铜狮子

九龙壁

篇七 内廷外东路

"大禹治水"玉山子

"九五"之制是天子之尊的重要体现,九龙壁有9条龙,被分为5个空间;用到270块琉璃也正好是九五的倍数。九龙壁里还暗含一些符合"九五"之制的精巧设置,大家去珍宝馆区域参观的时候,不妨仔细找一找。

宁寿宫后区中路最南的宫殿是养性殿,从名字就可以看出,这里是仿养心殿建的,但体量略小,取意"养性以益寿"的道家理论。殿中设宝座。东暖阁分为前后两组空间,前挂"明窗"匾,后为"随安室"。西暖阁北室为佛堂,南室为长春书屋,尽间为墨云室,仿养心殿三希堂制。墨云室原藏有毕沅进献的古墨,因墨而得名。

养性殿后为乐寿堂。原本是乾隆皇帝归政之后的住所,但他后来一直住在养心殿,并没来这里住过。光绪二十年(1894年),慈禧太后曾经在乐寿堂居住,把西暖阁当作她的寝宫。阁中间有雕花落地罩,内设床。乐寿堂正中设宝座,是用来接受请安的。北部大厅里安放着"大禹治水"的玉山子。

乐寿堂后为颐和轩与景祺阁。景祺阁北的一间小屋,传说是慈禧太后幽禁珍妃的冷

珍妃井

宫。通过一道小门，便是珍妃殉难的"珍妃井"。

宁寿宫区域的乾隆花园、畅音阁等，我们会在其他章节做详细介绍。

作为太上皇的法定宫殿区，宁寿全宫虽没有被正式启用过，但其建筑的规模之大、等级之高，足以见证它在紫禁城中独一无二的重要地位。

小贴士

一共有几座九龙壁

我国现存三座九龙壁。山西大同有一座明代的九龙壁，建于明洪武二十五年（1392年），是明太祖朱元璋第十三子朱桂代王府邸前照壁，距今已有600多年的历史。北京北海公园里有一座清代的九龙壁，是双面的琉璃影壁。第三座九龙壁就在紫禁城内的宁寿宫。这三座九龙壁，以紫禁城的制作最为精美。

紫禁城里举办过几次千叟宴

一共3次。康熙六十一年（1722年），在乾清宫举行65岁以上的满、蒙、汉文武大臣、官员共1000余人参加的宴会。乾隆五十年（1785年），在乾清宫举行过约有3000人参加的千叟宴。嘉庆元年（1796年），在皇极殿举行千叟宴。另外，康熙五十二年（1713年），康熙六十大寿时，在畅春园举行过1000余人参加的千叟宴。

第二十五话 园林典范乾隆花园

来故宫参观游览，我推荐大家一定要去珍宝馆看看。这里不光能看到很多院藏珍贵文物，而且珍宝馆所在的宁寿宫区域非常值得观赏。整个宁寿宫区域的总设计师是乾隆皇帝，现在宁寿宫区域依然保持着乾隆时期的风貌。今天我重点想说一说宁寿宫区域里的乾隆花园。

宁寿宫区域的西北，有一座幽静的花园，原来叫宁寿宫花园，但大家都习惯叫它乾隆花园。修建乾隆花园的时候，清朝国力鼎盛，天下太平。因此花园的修建，不惜人力物力。英廉、福隆安等是负责宁寿宫修建工程的大臣，但从设计、绘画到烫制小样，必须经过乾隆帝御览、钦定、照样准做等一系列手续。在修建的过程中，乾隆帝有时还亲自去工地查看施工进度。可见，乾隆帝对这座花园的重视程度。

乾隆花园紧靠8米高的西墙，为一个南北长160多米、东西宽不足40米，占地约6000平方米的狭长地带。这样的地形按理说很不适宜造园，但是这种狭长恰恰成为乾隆花园的特色，花园被巧妙分成4个既相通

乾隆花园

又独立的景区,每个景区都有独立的环境与别致的景色,移步换景,多姿多彩。接下来我们就去看看这4个景区。

从衍祺门进入乾隆花园,迎面是一座假山屏障,东西绵延横贯在我们眼前。中间是一道峡谷,顺着石子铺的小路往前走,仿佛穿山越谷。转过假山,眼前便出现一处古木参天、亭台呼应的清幽景致。这一区域的主体建筑古华轩便坐落于此。古华轩为坐北朝南的敞厅,面阔5间,进深3间,卷棚歇山顶,黄琉璃瓦绿剪边,周围带廊。天花为木雕镶嵌百花图案,不施彩绘,外檐有苏式彩画。古华轩前有一株楸树,造园之初已经长在那里。营建者没有把古树砍掉,反而是借古树为景,让它成为古华轩前一个绝美的景观。楸树的花朵大,颜色雅致,每当这棵古树开花，古华轩就成为赏花的好去处。

与古华轩形成对景的，是雅致的禊赏亭。禊赏亭的地面开凿出迂回曲折的渠槽，水渠内清水长流。渠水来自南侧假山后的水井，从井中打水倒进水缸中，再以暗流的方式把水缸中的水引入水渠。流水流经禊赏亭后，从北侧假山暗沟中流出。我们都知道兰亭雅集、曲水流觞的故事，禊赏亭就是仿此意而建。亭子中有大量竹子纹饰，暗合《兰亭序》中"茂林修竹"之意。

穿过古华轩后的垂花门，便进入了一处以建筑为主要景色的院落。这是一个由一正两偏殿堂构成的三合院落，中心建筑即为遂初堂。遂初堂也是承前启后通向第三景区的过厅。这个区域，布局紧凑而疏朗，齐整而宽敞。

遂初堂的后面，是一个以山石为主景的庭院。这里满庭叠嶂，洞谷幽深，山上立着一座亭子叫耸秀亭。山下有两个小洞，一个

图上 古华轩

图下 古华轩内景

连接着遂初堂，另一个通往三友轩。三友轩位于假山的南边，高山成为它的屏障，挡住了冬天的西北风。所以，三友轩是冬天游园时的休憩之所。假山的西北面是延趣楼和萃赏楼，上下带廊。登楼远眺，园中景色尽收眼中。萃赏楼也是第三进院落和第四进院之间的过厅楼。

第四进院落，以符望阁为主体建筑，这也是全园的重点建筑。符望阁仿建福宫花园中的延春阁而建，又被称为"迷楼"。阁内一层被分割成很多个空间，曲曲折折，变化多端。有的门被设计成为一面镜子，让人不敢推"镜"而入；有的门，里面是壁橱，进去了又不知道怎么才能出来。初入符望阁，兜兜转转好几圈却转不出来是常有的事。一层装修隐蔽处，有楼梯可上到暗层。暗层有楼梯可以上到顶层。楼梯口位于顶层中央，正北是木雕的多宝槅屏风，前面有宝座。室

篇七　内廷外东路

图上　三友轩

图下　三友轩紫檀嵌玉隔扇

三友轩松竹梅式
圆光罩

单霁翔带你走进故宫
宫殿漫步

图上 "迷楼" 符望阁

图下 换个角度看符望阁

内无装修，宽敞利落。沿着顶层周围游廊可以远眺宫中景色。与符望阁相呼应，南面的假山上有一座小亭叫碧螺亭；西面是歇山屋顶的玉粹轩。乾隆年间，每年的腊月二十一，乾隆皇帝会在符望阁设宴，招待御前大臣、御前行走及蒙古王公、贝勒等。

符望阁的北面正对着倦勤斋。看上去倦勤斋像是符望阁的附属，但它是乾隆时期宫廷室内装修的精彩之作。倦勤斋仿建福宫花园的敬胜斋而建，面阔9间，由东5间（明殿）和西4间（戏院）两部分组成。东5间用内檐装修的形式隔成凹字形仙楼，内檐装修罩槅大框采用紫檀木，板面用鸡翅木或镶嵌竹丝，装饰以乌木镶嵌，仙楼上下层裙板分别贴花鸟、山林百鹿等竹黄雕刻，据记载为"两淮盐政办造"。西4间是一个室内戏院，戏台南北两侧均有木质仿竹夹层篱笆墙，南侧的篱笆墙上还有一个月亮门。围绕戏台的西墙、北墙及顶棚是一幅上下相连的大通景画，画的是竹架藤萝花卉，将室内空间融为一体，让这个小戏台仿佛搭建在室外的藤萝花架中一般。乾隆时，南府太监经常在此演出。

单霁翔带你走进故宫
宫殿漫步

碧螺亭

206

图上 倦勤斋

图下 倦勤斋戏台

小贴士

内檐装修

位于建筑物室内分隔空间组合的装置。如隔扇门（也称碧纱橱）、博古架、各种花罩等。故宫建筑内檐装修用材考究，制作精美，类型多样。隔扇门的隔心有的安装玻璃，有的糊纱并绘以图案，还有的会在纱上刺绣或嵌玉、螺钿等。乾隆时期的内檐装修最为精致。

第二十六话 丝竹雅乐畅音阁

宁寿宫内的畅音阁始建于清乾隆三十七年（1772年），是清代早期所建并保存至今的唯一一座三层大戏台。畅音阁建筑群由畅音阁（戏楼）、扮戏楼（后台）和阅是楼（观众席）组成，形成一个完整的清代宫廷"剧场空间"。其中畅音阁专为重大节庆演戏使用，在第一层有"壶天宣豫"四字匾额，意为身处仙境之中、自得其乐。匾额左右又有对联，上联为"动静叶清音；知水仁山随所会"，说的是清音之纯，丝竹声声，小小戏台便有山水之趣。下联为"春秋富佳日；凤歌鸾舞适其机"，描写舞姿之美，有鸾凤之形，小小戏台尽展大千世界。

元旦、端午、七夕、中秋、除夕，以及皇帝登基、帝后生日等重大庆典，皇帝都要在宫中看戏。而规模宏大的畅音阁，正是专为重大节庆演戏时所用。在此演出的戏曲大多是歌舞升平的吉祥神仙戏。清末慈禧太后当政时期，凡遇节日，她总是要到畅音阁看戏，并由皇帝、皇后、妃、嫔以及王公大臣等陪同。

畅音阁最有特色的，就是高达20米的

畅音阁

阅是楼

三层戏台,即所谓"三重崇楼"。三层戏台从上至下,分别被称为"福台""禄台"和"寿台"。楼板之间辟有数个"方井",可打开盖板,供演员从天而降或从地冒出,表现诸如天仙下凡等情节,增加戏剧效果。寿台南边中间还有一口水井,可为戏中表演喷水等环节提供水源。演员升降以绞盘控制,设有辘轳架,可以数人同时操作,拉动绳子,形成丰富的舞台效果。皇帝看戏的"包间"阅是楼,坐落在畅音阁对面约10余米左右的地方。这是一座面阔5间、进深2间的二层楼,坐北朝南,正中设有宝座。皇帝及

图上　精致的传统戏曲演出服饰
图中左　戏本《普天同乐》
图中右　戏本《义勇传》
图下左－图下右　精致的传统戏曲演出服饰

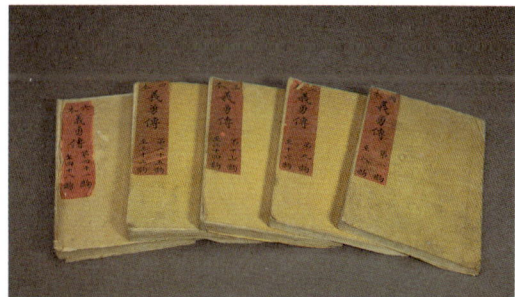

其后妃们观戏时就在这里落座。阅是楼东西有围房，与畅音阁相接，是陪皇帝看戏的王公大臣们的座位。

根据故宫博物院的相关研究，19 世纪的西洋戏台也未见这种复杂的设计。一般西洋戏台多可换幕，因此不同场景的布幕，吊藏在舞台上空或左右，演出时从空中降下，如法国枫丹白露宫的戏台。中国京剧历来采用抽象布景，演出时并不需要换幕，因此，畅音阁所展示的立体空间设计不仅中国少有，在世界也属罕见。

2017 年，故宫博物院对畅音阁建筑群进行了整体维修保护，让沉睡百年的古戏台"活起来"，向公众展示宫廷戏曲文化的独特性。9月20日，畅音阁戏曲馆第一次整体亮相，上演宫廷戏曲剧目，迎接宾客。通过演员穿着和使用各类宫廷式样的戏曲文物复制品，让通常陈列在展柜里的文物动起来。同时开放地下空间，展示畅音阁独特的"音响设备"（共鸣地井）和"舞台机械"（辘轳和水井），让各种机关在戏曲演出中动起来，实现动态的宫廷原状展览。

2017年11月，畅音阁接待美国总统特朗普和夫人梅拉尼娅，上演了《梨园春苗》《美猴王》《贵妃醉酒》三个剧目，故宫文物的"活化利用"再一次受到世界瞩目。

小贴士

升平署

清代宫廷掌管音乐和戏曲的机构。其前身为南府，道光七年（1827年）改为升平署。设总管1人，首领4人。由于慈禧太后非常喜好戏曲，四大徽班中的许多知名演员如杨小楼等，都兼任升平署教习。南府及升平署收集整理了大量戏曲剧本，培养了一大批优秀的戏曲演员，促进了新剧种京剧的形成。

轴子

清宫戏曲名称。一场折子戏中作为轴心的主要剧目。宫中演戏一般惯例为先演卅场戏，再演轴子戏，最后以团场戏结束。当时整本戏少的有几十出，多的有200多出，要演完全本，得好几天时间，甚至数月。所以，有时开场戏和团场戏会被略去，直接演正本轴子戏。

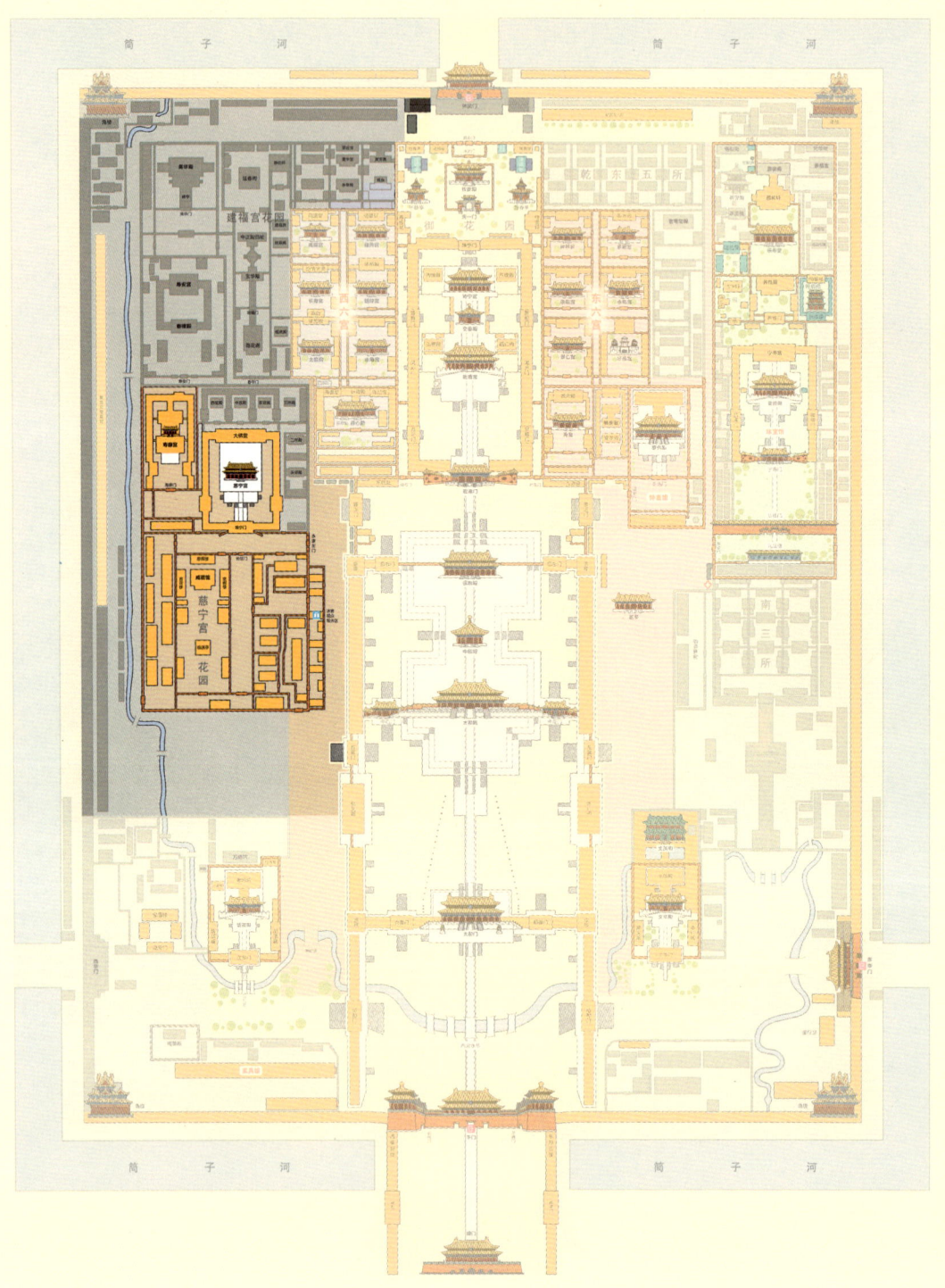

篇八　内廷外西路

内廷外西路主要为一组以慈宁宫为中心的大型建筑群。

慈宁宫区主要为太后、太妃们的住所。

第二十七话 兰殿颐和慈宁宫

慈宁宫在隆宗门西侧,是一座重檐大殿,东西两侧围房环绕,后殿又称"大佛堂"。慈宁宫是皇太后、太妃的正宫之所在。慈宁门是慈宁宫的正门,面阔 5 间,进深 3 间,黄琉璃瓦歇山顶。门前陈列铜镏金麒麟一对。

慈宁宫的殿门匾额为汉、满、蒙三种文字,在紫禁城内比较少见,这缘于清代满蒙联姻,后妃中有不少蒙古人。

慈宁宫始建于明嘉靖十五年(1536 年),明代为前代后妃所居。清代屡次修葺,作为皇太后居住的正宫。在清代,慈宁宫是为皇太后举行重大典礼的地方,凡遇皇太后圣寿节、上徽号、进册宝等,都会在此举行庆贺活动。

乾隆时期,门内正殿悬乾隆皇帝御笔匾额"宝篆骈禧""庆隆尊养",联为:"爱日舒长,兰殿春晖凝彩仗;慈云环荫,萱庭佳气接蓬山"。

后殿为大佛堂,始建于明嘉靖十五年,是嘉靖皇帝为其母蒋太后修建的起居之所。现为清乾隆三十四年(1769 年)重修时的格

慈宁宫

篇八 内廷外西路

单霁翔带你走进故宫
宫殿漫步

慈宁门前的麒麟

慈宁门

局,为清朝太后、太妃等人的礼佛之所。殿内分明间和东、西暖阁三部分,原陈设有佛龛、佛像、佛塔、供案等,故俗称为"大佛堂"。

其明间北墙是一整块彩绘壁板墙,三尊佛像背光镶嵌其中成为一个整体。1973年,为迎接柬埔寨西哈努克亲王访问洛阳白马寺,按上级要求将此处陈设包括传为元代干漆夹纻三世佛和十八罗汉像在内的 2000 余件珍贵文物,拆卸移运到洛阳白马寺等处。如今所见四周斑驳的壁画,多是当年拆卸过程中留下的疤痕。至今未归的这批文物,也希望有朝一日能回到慈宁宫大佛堂,以"抚平"昔日造成的"伤疤"。

图上
慈宁宫大佛堂

图下左
故宫博物院藏
《般若波罗蜜多心经》

图下右
故宫博物院藏
《御书妙法莲华经》

单霁翔带你走进故宫
宫殿漫步

慈宁宫是皇太后的正宫，因此必然是宫中举行庆典活动的一个重要场所。每当太和殿大朝时，这里也都要举行相应的庆祝活动。每年的正月十六日，皇太后按例在慈宁宫设宴，宴请下嫁外藩的公主、郡主以及蒙古王公的福晋、夫人等，这种宴会既是皇太后主导的一种庆祝活动，又是大家联络感情的一种方式。皇太后代表国家，向这些为国泰民安做出贡献的女眷们致以谢意。公主在订婚和下嫁时，太后也会在慈宁宫宴请公主夫家的女眷。皇室宫廷虽然等级分明，规矩严明，但这种宴会就像普通人家的亲家聚会，充满了温情。

清朝的前期和中期，顺治皇帝、康熙皇帝、乾隆皇帝三帝以孝出名，慈宁宫经常举行为皇太后庆寿的大典，为慈宁宫的兴盛时期。清康熙皇帝待太皇太后至孝，每天必向祖母请安，有时甚至一天请安两三次。康熙皇帝有《御制慈宁宫问太皇太后安》诗："定省深宫曙气催，承恩献寿捧霞杯。晨昏敬睹慈颜豫，不尽欢欣踊跃回。"据康熙皇帝《起居注》记载："皇上至孝，超越万古，太皇太后违和，皇上朝夕在慈宁宫，席地奉侍，亲调药饵，寝食俱废，圣孝之诚必将感格穹苍。"

2015年10月，适逢故宫博物院建院90周年，故宫博物院开放慈宁宫、寿康宫、慈宁宫花园区域。

小贴士

清代公主的结婚仪式
定娶之日，皇帝在保和殿设宴，宴请额驸之父、额驸和有关大臣。皇太后在慈宁宫设宴，皇后及嫔妃们作陪，宴请额驸的母亲及其家族中的女眷。婚礼当日，额驸备好礼物，在午门迎娶公主。皇帝、皇太后会分别在保和殿、慈宁宫再次举办宴会。吉时一到，公主要先到皇太后、皇帝、皇后前行礼，向生母行礼，再出宫。在额驸府邸举行婚礼后，第二天一早，公主、额驸要到宫中行礼。公主向皇太后、皇帝、皇后及生母行礼，额驸在慈宁宫门外东阶下、乾清门外行礼。礼毕，公主、额驸方可回府邸。

第二十八话 礼佛休憩慈宁宫花园

慈宁宫花园位于内廷外西路慈宁宫西南,为慈宁宫的附属花园。慈宁宫花园始建于明代,清乾隆三十四年(1769年)改建,是明清两朝太后、太妃们礼佛和游憩之处,也是紫禁城内四座花园之一。在礼制森严的紫禁城中,慈宁宫花园是能令前代后妃们寻得心灵慰藉的轻松所在。

慈宁宫花园修缮完成后,以原状陈列的形式进行开放,展览主要在咸若馆佛堂和临溪亭两处。慈宁宫花园南北长约130米,东西宽约50米,总占地面积6800平方米。园中有建筑11座,占地不到总面积的五分之一,集中于花园北部,南部则地势平坦开阔,莳花种树,叠石垒池,意在使太后、太妃们不费跋涉之劳而得山林之趣。

慈宁宫花园南侧有咸若馆,正殿抱厦卷棚歇山顶,翘起的六个翼角各坠一个铜铃。馆内悬挂"寿国香台"匾。这里原是供奉佛像及贮藏经文的处所。乾隆三十六年(1771年)添造24座挂龛,内皆为鬃金佛像。

咸若馆两侧为宝相楼与吉云楼。宝相楼下层明间原供释迦牟尼立像,其余6间分

慈宁宫花园

篇八 内廷外西路

置"大清乾隆壬寅年敬造"款掐丝珐琅大佛塔6座,塔顶直达天井口。上层明间供奉木雕金漆宗喀巴像,三面墙壁挂释迦牟尼画传、宗喀巴画传唐卡。其余6间正面设供案,供显宗、密宗主尊像。吉云楼室内上下正中均供有大尊佛像。

咸若馆以北为慈荫楼,建于乾隆三十年（1765年）。楼分为上下两层,绿琉璃瓦黄剪边卷棚歇山顶。下层东梢间为过道,北墙有门,可通往慈宁门前广场,也是花园通向慈

单霁翔带你走进故宫
宫殿漫步

咸若馆

临溪亭雪景

宁宫、寿康宫的出入口。乾隆三十六年（1771年）后，曾将《甘珠尔经》收藏于此。

花园南部有一方水池，横跨汉白玉石桥，桥上建有临溪亭，北与咸若馆相对。临溪亭平面呈方形，四角攒尖顶，黄琉璃瓦蓝剪边，门窗可全部敞开。这些建筑也都已经修缮完成。慈宁宫花园空间开阔，环境宜人，可以容纳较多观众参观和短暂休息。

慈宁宫花园由于受礼制、宗法、风水等多种因素制约，建筑按照主次相辅、左右对称的格局安排，布局规整严谨却略显单调，主要依靠内部精巧的装修和院落中的水池、山石以及品种繁多的花木来烘托浓厚的园林气氛。园中树木以松柏为主，间有梧桐、银杏、玉兰、丁香，集中分布在咸若馆前和临溪亭周围，花坛中则密植牡丹、芍药。其春华秋实，晨昏四季，各有不同的情趣。

小贴士

慈宁宫花园中的名花
牡丹
唐代诗人刘禹锡曾写道："唯有牡丹真国色，花开时节动京城。"牡丹一向被列为群花之首，有"花中之王"的美称。慈宁宫花园中的牡丹花期在4月中旬前后，花冠硕大且雍容华贵。
莲花
莲花，又称荷花。莲花代表圣洁、美好，与佛教有着不解之缘。莲花出现于佛教经典之中，在佛教艺术中也经常能见到莲花的形象。作为礼佛场所的慈宁宫花园，夏日水池中莲花盛开，清香四溢。

第二十九话 太后尊养寿康宫

寿康宫位于紫禁城的外西路，是清代皇太后居住的宫殿，由正殿、东西配殿、后殿、围房等房屋组成，分三进院落。寿康出自《尚书·洪范·五福》，意为长寿健康。寿康宫始建于雍正十三年（1735年）十二月，竣工于乾隆元年（1736年）十月，是乾隆皇帝为生母崇庆皇太后而建造颐养起居之所。崇庆皇太后在此生活了42年，此后恭慈皇太后、康慈皇太后也先后在此居住。

寿康宫的正门是寿康门，主殿为寿康宫，面阔5间，进深3间，黄琉璃瓦歇山顶。前出廊，金里装修，明间、次间开门，三交六椀菱花隔扇门各4扇。东西梢间为暖阁，东暖阁为皇太后日常礼佛之佛堂。

正殿后是第二进院，是寿康宫的寝宫，名为"长乐敷华"。后面有廊与后罩房相连。

院东南隅有角门，可通慈宁门前广场。

崇庆皇太后钮祜禄氏（1693—1777年）为乾隆皇帝生母。她13岁入雍邸，康熙五十八年八月十三日（1711年9月25日）生弘历，这就是以后的乾隆皇帝。胤禛即位后，钮祜禄氏被封为熹妃。弘历即位后，母

图上 寿康宫的匾额
图下 寿康宫

图左 崇庆皇太后像

图右 弘历书「母仪天下」直幅

单霁翔带你走进故宫
宫殿漫步

以子贵的钮祜禄氏被尊为皇太后,徽号崇庆,拥有至尊高贵的身份地位,九上徽号,四下江南。外享街歌巷舞的万寿庆典,内享五代同堂的天伦之乐。福寿双全,享年84岁,是中国古代皇太后中最长寿者之一。她居住在乾隆皇帝为其修建的寿康宫中长达42年。"庆隆尊养"四字出自乾隆皇帝为崇庆皇太后临御的慈宁宫所题写的匾额,题额高度概括了对皇太后的尊崇与礼遇,也是皇太后享受乾隆年间富贵生活的真实写照。

228

图上 寿康门
图下 寿康宫的影壁

寿康宫内景

篇八 内廷外西路

寿康宫后殿内景

金发塔

小贴士

金发塔

在寿康宫里陈列了一件文物，总是会吸引很多观众驻足欣赏，那就是乾隆皇帝为纪念母亲特意命人制作的金发塔。金发塔高147厘米，底座为边长70厘米的正方形。该塔由下盘、塔斗、塔肚、塔颈、塔伞及日月6部分组成，各层均于适当部位嵌珠宝，如绿松石、珊瑚等；塔肚内供佛后置一盛发金匣，金匣正面饰六字真言、匣墙有八吉祥纹饰，下配白檀香木座；塔下承以紫檀木莲花瓣须弥座，塔座前贴有"大清乾隆年敬造"款。

图上 寿康宫后院
图下 寿康宫前的梨树

目前寿康宫一区中轴线与东配殿辟为原状式展区,恢复乾隆年间的陈设。相较于其他皇太后,乾隆生母崇庆皇太后身份最为尊崇,在此居住时间最长,故将寿康宫主人定位为崇庆皇太后,原状复原时间定位于乾隆朝。当时寿康宫内的陈设富丽堂皇,琳琅满目,布陈将尽量恢复原貌,以精美文物为展示手段,让观众得以管窥盛世的风采,凸显崇庆皇太后高贵尊崇的地位与乾隆皇帝以天下奉养的孝道。

第三十话 皇家饮食御膳房

清代紫禁城内的御膳房规模较大，下设荤局、素局、点心局、饭局、挂炉局和司房等机构。在养心殿就有一处御膳房。

荤局主管鱼肉等菜；素局主管青菜、干菜、植物油料等；点心局主管包子、饺子、烧饼以及各种糕点等；饭局主管粥饭；挂炉局主管烧、烤等菜。御膳房属员众多，据史料记载，共有庖长（厨师长）2人，副庖长2人，庖人27人，领班拜唐阿（满语，衙门中无品级的管事）2人，拜唐阿20人，承应（听候使令的差役）长20人，承应人44人，催长（负责督催事宜的职官）2人，领催6人，三旗厨役57人，招募厨役10人，夫役10人。此外还有司膳太监，其中总管太监3名，首领10名，太监100人，专司上用膳馐，各宫馔品，各处贡献，节令宴席，随侍、坐更等事。

三宫六院都有自己的厨房，基本是独立吃饭。如果没有特别旨意，任何人都不能同皇帝同桌用膳。后妃膳房所需食材由内务府相应的管理机构供应。

官三仓负责内廷等处所需米、麦、盐、

养心殿御膳房

蜜、糖、醋、芝麻、高粱等杂粮,以及家伙等项。清宫需用各种酱的数量巨大,故设有酒醋库,负责各处需用的玉泉酒、白酒、醋、豆酱、面酱、酱瓜条、酱茄子、酱胡萝卜、酱冬瓜片等。菜库负责管理和供应宫中所需瓜菜等物。

在美食面前,清代宫廷还是会克制并安排好用膳时间。如清代皇帝一日只吃两餐。早膳多在早6时开始,有时也会推迟到早8时。晚膳多在12时至午后2时。用现代观念看,这应算是午餐。两次正餐之后,如果饿了各加一顿小吃。

皇帝基本是自己独立吃饭,不会去后妃处用膳。即使在与后妃出巡时候,也不与后妃一起吃饭。皇帝偶有与后妃一同吃饭的情况,则主要是在筵宴的场合,如除夕的家宴。乾隆四十四年(1779年)大年三十,乾隆皇帝在乾清宫举行了盛大的家宴,当时后宫主位分列东西两侧。其东侧头桌有颖妃、惇妃,二桌是婉嫔、循嫔,三桌是禄贵人、鄂常在;西侧头桌是容妃、顺妃,二桌是诚嫔、林贵人,三桌是明贵人、白常在、武常在。另有陪桌19席。

清宫御膳最开始主要由三种地方风味及菜系组成,后来随着历史发展,南北菜系逐渐合并。满族菜是从小吃惯了的民族口味,

《紫光阁赐宴图》（局部）

各种肉类及野味、黏食饽饽、蘸酱菜等都是皇帝后妃的美食；入主中原后，清宫沿袭了明代宫廷饮食特色，膳食逐渐以山东风味为主；到了乾隆年间，由于数次南巡，苏杭菜点受到赏识并在宫中流行起来。

清宫饮食需严格按照菜单配料、调味，不许任意更改。要保持主体菜的原味，最忌使用调料不当而改变主体菜的味道。膳房准备御膳，每顿所用的物品，某菜为何人烹调，逐日开单，呈内务府大臣画"行"，方能制作。若有烹饪不当，可以追责。

清代档案记载，乾隆三年（1738年）正月初一清晨，乾隆皇帝在弘德殿进煮饽饽（饺子），然后到重华宫进早膳，用楠木矮桌摆。我们来看一下皇帝早上吃什么：拉拉膳一品，热锅一品，碗菜五品，拉拉菜四品，鹿尾酱一品，碎剽野鸡一品，攒盘肉一品，年糕一品，点心三品，小菜三品，汤膳。

篇八 内廷外西路

图上
故宫博物院藏龙泉窑青釉印花褐斑高足碗

图下左
故宫博物院藏雍正青花瓷碗

图下右
故宫博物院藏乾隆款冬青釉葫芦瓶

《光绪大婚典礼图册》（局部）

小贴士

热锅

皇帝经常不按进膳时间进食，为随时伺候皇帝吃温度合适的菜饭，宫中膳房特用"热锅"。热锅有两种样式：一种是银制碗，碗分两层，上层装菜，下层装热水，皇帝想用餐的时候，可以把水和菜一块端上餐桌。另一种是先把饭菜装进铁碗，再把两块铁板烧热，一块放在碗上，另一块放在碗下。一旦皇帝用膳，将铁碗里的饭菜装入瓷碗，就可以摆上餐桌了。

　　宫廷多应酬接待，因此筵席餐也比较多，如清宫筵宴名目繁多，一般从年初吃到年尾。除元旦、万寿（皇帝生日）、冬至三大节日筵宴之外，还有庆祝征战胜利的凯旋宴、与民同乐的千叟宴、皇帝大婚宴、公主下嫁宴、招待使臣和王公等的除夕宴、皇太后圣寿宴、皇后千秋宴、各嫔妃的生辰筵宴、皇子皇孙的成婚礼宴、宗室家宴，此外还有各种节令宴等。

篇九 古建筑的门道

故宫博物院拥有 23 万平方米的古建筑，
是世界上现存规模最大、保留最完整的古代宫殿建筑群。
600 年来，明清两朝对紫禁城的古建筑实施多次重修和扩建，
延续至今形成了独具特色的空间布局和形制构造特征，
也形成了中国宫殿建筑的营造技艺。
这一系列有完整材料与技术要求，由工匠代代相传。
以"瓦作、木作、土作、石作、搭材作、油作、
彩画作、裱糊作"八大作
为代表的官式古建筑营造技艺，
2008 年被列入《国家级非物质文化遗产名录》。

第三十一话 古建群芳览四周

紫禁城周边的皇家御用建筑与苑囿,与紫禁城是不可分割的整体。

太庙位于紫禁城东南,是皇帝举行祭祖典礼的地方。太庙始建于明永乐十八年(1420年),遵照中国古代"敬天法祖"的传统礼制而建。太庙平面呈长方形,共有三重围墙,由前、中、后三大殿构成三层封闭式庭园,大殿耸立于整个太庙建筑群的中心。太庙现在位于劳动人民文化宫内。

社稷坛位于紫禁城西南,为明、清两代祭祀社、稷的祭坛,其位置是依《周礼·考工记》"左祖右社"的规定,置于皇宫之右。社稷是"太社"和"太稷"的合称,社是土地神,稷是五谷神。农耕时代,对社稷的祭祀是国家大事。社稷坛现在位于中山公园内。

出了故宫博物院的神武门,过了马路就是景山公园。景山就位于景山公园内。景山曾是全城的制高点。天气好的时候,在景山之巅向南眺望,可以看到整个紫禁城宫殿群。在明、清两代,景山及其附属建筑不仅是一座供游赏的皇家园林,还具有习射、停

图上 太庙

图下 从紫禁城看景山

图上 中山堂

图下 中山公园五色土（社稷坛）

单霁翔带你走进故宫
宫殿漫步

从紫禁城遥望北海的白塔

灵、祭祖、官学、躬耕、戏曲、宗教等多重功能。景山内松柏葱郁，鸟语花香，是皇城内独具特色的景观。

北海位于紫禁城西北，是一座布局精巧、景色怡人的皇家园林。中心小岛叫琼岛，位于北海南部。以永安寺为中心，白塔作为标志性建筑位于琼岛的中心最高点。北海西北部有五龙亭、小西天、静心斋、天王殿和万佛楼，东北部有先蚕坛、画舫斋、濠濮间，团城位于北海最南端，主体建筑为承光殿。北海于1925年开放为公园。

大高玄殿，位于北海以东，景山以西，是紫禁城的重要组成部分。始建于明嘉靖二十一年（1542年），清雍正八年（1730年）、乾隆十一年（1746年）重修。明代主要作为道教祭祀场所，清代作为祈雨、雪

大高玄殿旧影

之坛。现存主要建筑有大高玄殿、九天万法雷坛，最后是一座两层楼阁：上层为"乾元阁"，圆攒尖屋顶，覆以蓝琉璃瓦，象征天；下层为"坤贞宇"，方形，覆以黄琉璃瓦，象征地。

皇史宬位于紫禁城东侧，始建于明嘉靖十三年（1534年），清嘉庆十二年（1807年）重修，坐北向南，分前后两院。后院正中为皇史宬正殿，面阔9间，为砖石结构，称为"无梁殿"。室内须弥座上放

置有镏金雕龙铜皮樟木柜，明、清两代皇室的大量重要档案珍藏于此，如明代的宝训、实录，清代的实录、玉牒等就收藏在这里。明代每年六月六日晾晒实录、典籍；清代则分为春、秋两季晾晒实录。

小贴士

明代太庙的祭祀

明初规定，每年四孟（正月、四月、七月、十月）要祭祀宗庙，除夕的时候也要祭祀宗庙，合起来称为五享。四孟祭祀称为时享，除夕祭祀称为祫祭。

第三十二话 非凡技艺传承久

官式古建筑营造技艺,是伴随着故宫古建筑营建修缮而产生和发展起来,是有序传承的国家级非物质文化遗产。长期以来,故宫博物院一直从事官式古建筑营造技艺的传承工作,逐步培养官式古建筑营造技艺人才。

在故宫博物院北院区,修缮技艺部按照工作计划,有序开展学员的培训工作,以实操训练形式培养学员专项技艺,为非物质文化遗产的传承和学员的培养提供良好平台。培训主要涉及4个方面的内容,分别是木作斗栱制作、瓦作透风砖雕、彩画作彩画小样绘制及烫样复制。

一是木作斗栱。斗栱是中国古代建筑所特有的形制,安装在建筑物的檐下或梁架间。由一些斗形构件和一些栱形构件及枋木组成,在中国古代建筑木构架中占有非常重要的地位。根据部位与功能的不同,大致可以分为平身科斗栱、柱头科斗栱、角科斗栱、平座斗栱、镏金斗栱等。故宫太和殿是我国现存古建筑中等级最高的建筑物,其下层是单翘重昂七踩镏金斗栱,上檐是单翘三昂九踩斗栱。培训班制作的太和殿下层平身

图上 修缮后的慈宁宫花园宝相楼西侧立面

图下左 坤宁宫的斗栱

图下右 景仁宫的斗栱

科单翘重昂七踩镏金斗栱 1:1 的实样模型，从中可以看到中国官式古建筑营造技艺的最高呈现。

二是瓦作透风砖雕。透风是在古建筑中

图上
明代黄釉琉璃鱼形瓦

图下
明代龙纹黄釉瓦头

使用与墙体相同材质青砖雕刻而成的一种墙体专用构件，安装在被墙体外侧包砌的柱子上下两个部位，通过砖上孔洞及墙体与柱子间的缝隙使空气对流，以防木质柱子糟朽。透风砖雕图案选材丰富，有花、草、鸟、兽等，图案精美，寓意吉祥，将功能性与观赏性进行有机结合，是中国官式古建筑营造技艺中做法考究的一种具体体现。

三是彩画作彩画小样。彩画小样是按照建筑彩画样式，依比例缩小并可以反映同一开间内各个构件彩画的设色、纹饰等匹配关系的彩画样品。通常由经验丰富的匠师进行制作，主要用于记录彩画的色彩、纹饰、构图，是彩画保护研究的一种方法和手段。彩画小样制作工艺与彩画绘制工艺基本相同，能够反映彩画的各项工艺流程及特点。

四是烫样。"烫样"之称始自清代，为官式古建筑营造中一种特定的建筑模型，因在其制作时需用烙铁熨烫成型故而得名。烫样不仅注重建筑结构、外观院落和小范围的组群布局，也注重建筑上的装饰、内外檐彩画、装修和室内陈设等。烫样是根据建筑物的设计情况，按比例制作，并且标注有准确

篇九　古建筑的门道

图上
熙和门的彩绘

图下左
太和殿龙纹天花

图下右
隆宗门的彩绘

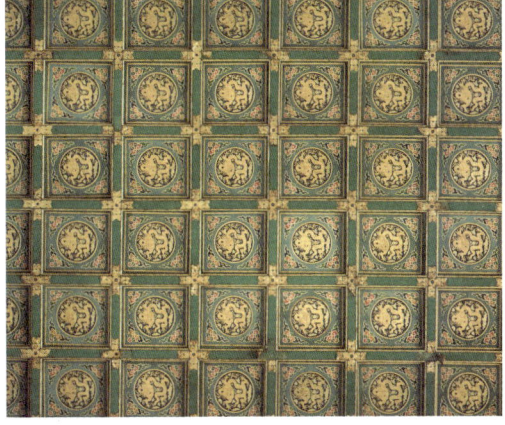

长春宫凉棚烫样

单霁翔带你走进故宫
宫殿漫步

图上
长春宫烫样

图下
圆明园中路"天地一家春"烫样

小贴士

斗栱

也叫作斗科、铺作。是中国古代建筑所特有的木构件。为古建筑柱与屋顶之间的过渡部分。由斗、拱、昂、翘等部件组成。其功用为承受上部支出的屋檐，并将其重量渐次转移到柱与枋上。斗栱由方形的斗、略似弓形的拱、与拱形相似并成正角的翘、断面为长方形的枋等组成。斗上与翘同方向伸出较长并斜向下垂的叫昂。每一组斗栱称为攒，每一层斗栱称为踩或出跳。

的尺寸，是了解当时建筑情况的主要依据。它真实反映当时的建筑设计思想、建筑发展水平和工程技术状况。培训班制作的故宫长春宫烫样，反映了清代长春宫的原貌，与现存长春宫建筑布局及建筑形制基本相同，只是故宫长春宫戏台现已无存，由此也可以感受到这些烫样保存至今的珍贵。

第三十三话 雨天畅流有窍门

京城连日大雨时，故宫就会成为人们的关注焦点。如 2016 年 7 月 19 日凌晨至 20 日夜间，北京遭遇长达 55 个小时的降雨天气过程，是 2016 年入汛以来最强降雨，全市平均降雨 212.6 毫米，城区平均降雨 274 毫米，均超过了 2012 年"7·21"特大暴雨过程，为多年所罕见。雨后，媒体争相传播一组故宫雨景照片，不仅展示了难得的"千龙出水"场景，特别是大暴雨时故宫博物院内地面未出现明显积水，更显示出故宫完善的排水系统和强大的排水能力。人们一方面感叹古人建筑营造的智慧与匠心，另一方面也赞美今人保护文化遗产的执着与悉心。

紫禁城建造之初，对排水系统进行了精准测量、精密设计和精细施工。京城北依燕山、东临渤海，地形北高南低，因此水向东南流。紫禁城的地面顺应北京地区地理环境，整体走势亦呈北高南低、中间高两边低，而且略有坡度。其中紫禁城北门神武门地平标高 46.05336 米，南门午门地平标高 44.28 米，竖向地平高差约 2 米，这一坡降为自然排水创造了有利条件，使积水能缓慢排泄。

内金水河

紫禁城内的排水沟渠全部通向内金水河，内金水河又与紫禁城城墙外侧52米宽的护城河相连，之后同周边的外金水河、中海、南海等水系相通，这些水系同时兼有排水功能，相对整个排水体系来说，紫禁城排水系统是北京城区排水系统的第一级，这是昔日皇家地位的体现。

内金水河河水从神武门西侧的水闸流入，经寿安宫西墙外，南至武英殿东折，经太和门、文渊阁前，至东华门内南侧的水闸流出，与外金水河汇合，即所谓"来自乾方，出自巽方"。由此可见，内金水河自西北向东南，流经大半个紫禁城，在紫禁城东南角流出，汇入护城河，护城河又与北京城水系相连，消纳紫禁城的雨水。在此基础上，紫禁城整个排水系统经过统筹规

图上　宫墙上的排水沟滴
图中　城台内侧排水沟滴
图下　穿过宫墙的排水涵洞

划，设计营造了主次分明、明暗结合的庞大人工排水网络，疏通各个宫殿院落的排水系统有干沟、支沟，有明沟、暗沟，有涵洞、流水沟眼等众多排水设施。紫禁城内总的雨水走向，是东西方向的雨水汇合流入南北干沟内，然后流入内金水河。紫禁城排水系统分为3类，分别是建筑排水、地表径流、地下暗沟。雨水降落时，一部分雨水落到建筑上，沿着建筑屋顶琉璃瓦落到地面，之后雨水会顺着明沟流到地下暗沟沟口。还有一部分雨水直接形成地表径流，顺地面坡度流入院落和房基四周的石槽明沟，明沟若遇有台阶或建筑物，则从"沟眼"穿过，汇入暗沟。地下暗沟纵横交错、四通八达，雨水排入暗沟以后，再由支沟汇集到干沟，经干沟排入内金水河。历年固定时间淘挖养护，几百年来排水效果良好，无论雨量多大，并无积水之弊。

故宫前三殿的排水功能格外引人注目。太和殿、中和殿和保和殿前后排列，坐落在一个8米多高的"工"字形台基上，台基面积25000平方米，分为三层。在台基四周栏杆底部，有排水的孔洞，每根望柱下还有一

宫苑内的排水口

篇九　古建筑的门道

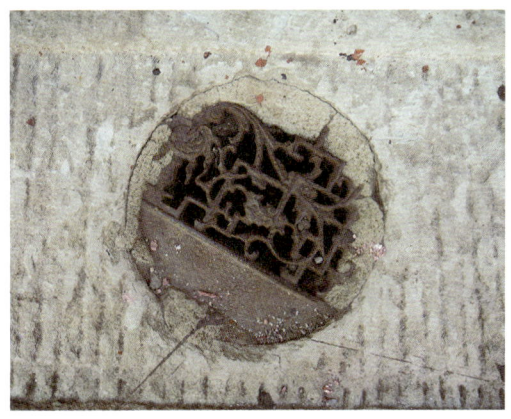

图上 太和殿石基上的螭首
图下 前三殿石基上的螭首

单霁翔带你走进故宫
宫殿漫步

个雕琢精美的石龙头，其口内为凿通的圆孔，也是主要的排水口。三层共有龙头1142个。雨水逐层下落，使得台面无积水。值得一提的是，台基底部的石龙头也称螭首或角兽，是用于须弥座转角处和望柱外缘之下的排水构件，多镌刻成龙首形，具有很好的装饰作用。从螭首龙头孔中流水，在大雨时如白练，小雨时如冰柱，在暴雨时会呈现"千龙吐水"景象，蔚为壮观。三台雨水逐层向下流，院内地面留有坡度，北高南低，绕四周散水都有石槽明沟，在台阶下有石券涵洞接通干沟，使流水顺利通过，最后排入内金水河。

小贴士

金水河

分为内金水河和外金水河。内金水河由神武门以西，紫禁城西北方向流入，向南，在武英殿附近东折，经过太和门前，流经东华门内三座门外，再向南折从紫禁城东南方流出。外金水河由中海流入社稷坛西南角，流经天安门外金水桥，向东注入御河。

第三十四话 故宫里的『猫侍卫』

古代宫廷中唐代开始有养猫的记载，许多皇帝就是猫痴，远的不说，明代万历皇帝就喜欢猫，还给一些猫咪封了官。慈禧太后也非常喜欢猫，不仅仅有中国猫，还有从国外进口的猫。

紫禁城的宫廷御猫文化最早可追溯到明代。明代太监刘若愚《酌中志》记载："猫儿房，近侍三四人，专饲御前有名分之猫，凡圣心所钟爱者，亦加升管事职衔。""猫儿房"便是"宫猫"的管理机构，名为御猫房。

明代喜欢养猫的皇帝是宣宗朱瞻基和世宗朱厚熜。宣德皇帝不但养猫，还喜欢画猫，所绘《花下狸奴图》，现藏于辽宁博物馆。而宣德四年（1429年）三月所绘《唐苑嬉春图》（又名《五狸奴图》），为历代"猫图"之巨作。画中5只猫咪或藏于花丛中，或置于竹林下，神态各异，或叼食，或仰视，或游戏，或睡眠，活灵活现，别有情趣。

嘉靖皇帝对猫的喜欢，则已达到"猫痴"的地步。他最喜欢的一只狮子猫名为"霜眉"，皮毛呈微青色，双目晶莹，无论他走路还是睡觉，这只猫都陪在身边。后来

《雍亲王题书堂深居图屏·捻珠观猫》轴

"霜眉"死了，嘉靖皇帝难过了好几天，遂"制金棺葬之万岁山（今景山）之麓"，并下旨令各部翰林等官为爱猫拟写祭文超度。

清人绘《胤禛妃行乐图》中有一幅《捻珠观猫图》。图中美人于圆窗前端坐，轻倚桌案，一手娴雅地捻着念珠，观赏两只游玩淘气的猫咪。这是当年宫廷生活的写照。

清代乾隆皇帝也喜欢养猫，据传他在位 60 年，曾养过十几只御猫，乾隆皇帝还为他心爱的御猫准备了一只北宋汝窑烧制的青瓷莲花式温碗。这只碗瓷胎细腻，器型优雅，釉色温润如玉，是乾隆皇帝最喜欢的器物，视为珍宝。起初每至冬季以此栽植水仙，置于御案之上；后来成为御猫的猫食

碗。为了让猫吃食方便，他还令人给这只碗配了一个紫檀木座。清内务府造办处承办宫中各项活计的记录册《活计档》上便有"将猫食盆另配一紫檀木座，落矮些，足子下深些，座内安抽屉"的记载。而今，这只曾被乾隆皇帝用来喂猫的宝物被收藏在台北故宫博物院。

现在故宫有200多只猫，都很有名。每天故宫的工作人员下班之后，"宫猫"就开始工作，到点了还交接班。在故宫里，它们有的飞檐走壁，俯视这片宫殿群；有的四处巡逻，查找可疑人物；有的暗中观察，不放过任何死角。

它们是故宫的"猫侍卫"，不仅从来不抓挠古建筑，而且发挥着自己独特的作用，有了它们，故宫更没有鼠患了。

随着故宫猫越来越火，网友们甚至自发做了"故宫吸猫地图"。它们经常在景仁宫、永和宫、武英殿、珍宝馆这些地方出没。刚开馆的时候人少，游客能碰到故宫猫的概率是非常大的！

经常有人寄猫粮，从东北到江南，猫粮来自祖国各地。有的还指定猫粮由延禧宫或

故宫里的"猫侍卫"

篇九 古建筑的门道

小贴士

在紫禁城里遇到猫,您应该……

很多游客来故宫游览,都想看看紫禁城里的猫。故宫有200多只猫,每只性情都不一样。有的黏人,有的怕人;有的机警,有的憨厚;有的胆子大,也有的胆小。如果您在游览区看到宫猫,首先要注意的就是不要投喂。再者,不要追赶它们,更不要对着脾气好的猫儿揪耳朵、踩尾巴。正确的"吸猫"方式是:友好地打个招呼,像对待我们的朋友一样对待它们。

者慈宁宫的猫收。要求我们收到后,和猫拍个照寄给他们。

　　作为世界上规模最大、保存最完整的木结构宫殿建筑群,如何避免鼠患损坏建筑和文物是故宫保护的一个重要课题。因此养猫、爱猫是故宫600年来的传统,"宫猫"也一直扮演着紫禁城守护者的角色。

代后记
『平安故宫』保平安

2013年国务院批准实施"平安故宫"工程。"平安故宫"有哪些项目，我们配合这一工程，在文化遗产的保护和传承方面做了哪些事情？请听我一一介绍。

建设"平安故宫"工程，有七大项目稳步推进。

第一个是故宫博物院北院区建设项目。故宫博物院北院区最终定址于海淀区西北旺镇西玉河村，北临南沙河南路，东至上庄东路，西临上庄家园东路，南至玉河南路。现确定用地规模约19.87公顷，总建筑面积102000平方米。依照立项批复，总投资估算189566万元。由于近期北京市规划部门同意东侧主入口下方新增地下车库，故宫博物院根据需要拟建2万平方米和建筑结构的调整等事项，以及方案深化等因素，总建筑规模增加至12.26万平方米，总投资增加至约26.08亿元。

在故宫博物院北院区的使用上，2015年5月14日宫廷园艺研究中心在故宫博物院北院区正式挂牌成立，开展宫廷园艺的研究与传承工作。2016年，故宫博物院与洛

图上 传达"平安故宫"工程实施纲要大会

图下 故宫博物院北区项目启动仪式

阳市政府合作举办的"天下无双品,人间第一花——洛阳牡丹与故宫博物院牡丹题材文物联展"、与开封市政府合作举办的"菊香晚艳——开封菊花与故宫博物院藏菊花题材文物联展"结束之后,展览所用的牡丹和菊花大部分移至故宫博物院北院区种植,使之成为花卉类体裁展览的"库房",保留了诸多珍贵花卉品种。

故宫博物院北院区设立了关于古建筑修缮和文物藏品修复的专门工作室,并开展了系统培训工作,为故宫古建筑维修保护和传统文物修复技艺传承提供了场地。

第二个是基础设施改造项目。故宫博物院基础设施改造项目按照"整体规划、论证先行、分区分阶段实施"的原则,在确保安全的前提下,对现有基础设施,例如给水、消防、雨水、污水、供热等管线以及供配电和智能化系统等进行全面升级改造,实现优化管理,方便维护和检修,以期及时发现问题,消除隐患,以布局合理、完善先进的基础设施,为故宫安全奠定坚实基础。

第二个是地下文物库房改造项目。故宫博物院地下文物库房改造工程旨在完善地下库房结构,改善地下库房的防水措施,消除地下库房潜存的安全隐患;增大地下库房的储藏面积,解决地下库房文物因装入防震囊匣引起的地下库房储存空间不足等问题;通过建设温湿度分区调控,改善现有一、二期地下库房内温度统一的现状,解决部分文物对保存环境有长期或临时特殊要求的问题;整治内务府区域环境;扩大故宫开放区域;保护文化遗产的真实性、完整性。

故宫博物院地下库房改造及通道工程启动仪式

第四个是世界文化遗产监测项目。世界文化遗产监测在2013年至2017年期间完成文物建筑典型病害监测项目3项，分别是午门城台监测、文物建筑墙体裂缝监测、中和殿结构加固与变形监测。完成基础信息采集以及信息化建设项目8项，分别是室外陈设基础信息采集项目、室外陈设材质检测与保存现状评估项目、室外陈设监测系统建设、木材材种检测项目、景福宫测绘项目、文物建筑监测系统典型案例研究项目、御花园数字化项目、紫禁城城墙勘察与监测系统。完成重大风险监控项目4项，分别是故宫古建筑防雷设施年检项目、故宫古建筑防雷监测系统建设项目、故宫电力监测系统建设、故宫热力监测系统建设。完成风险影响因素监测7项，分别是气象环境监测系统建设与维护更新项目、展厅温湿度监测项目、文物库房温湿度监测项目、故宫大气污染物分析项目、观众动态监测（一、二期）项目、售检票监测系统建设项目、白蚁监测系统建设项目。完成世界文化遗产监测报告出版项目4项，分别是《世界文化遗产监测报告（2012年）》中文版、英文版，《世界文化遗产监测报告（2013年）》中文版、英文版。

正在建设的项目包括故宫文物建筑网格化管理监测系统建设、午门城台监测二期项目、文物建筑监测系统三维部分研究项目以及观众监测、防雷监测、气象环境监测系统的维护项目，《世界文化遗产监测报告（2014—2015年）》中文版2017年完成编写，2018年出版。

第五个是院藏文物防震项目。截至2017年，文物防震完成了整体统筹规划，编制《故宫博物院地震紧急预案》并纳入全院应急指挥体系，进行了原状库房文物的防震对策研究和落实，开展了文物库房防震改造等工作。

我们从整体统筹规划全院的防震工作，编制《故宫博物院地震紧急预案》，纳入全院应急指挥体系。2013年至2016年，故宫博物院与中国地震局工程力学研究所合作开展针对故宫博物院古建筑及其内部文物防震评估工作。根据多次实地考察，最终完成《故宫博物院文物防震应急能力评估报告》和《故宫博物院地震应急预案》。推进故宫博物院地震预防工作的制度建设和组织建设，使地震发生时有规可依，有章可循，能最大限度地保障人员和文物安全。

还有就是原状库房文物的防震对策研究和落实。具体说来，有雨花阁防震对策研究和落实。2014年至2015年，故宫博物院对雨花阁建筑及其抱厦和前殿陈设的九层雕花紫檀木塔和五层粉彩瓷塔进行了抗震防护对策研究。实验制作了模型以评估雨花阁抗震能力，结果我国木建筑具有良好的抗震能力，但内部陈列文物抗震能力不足。因此，设计制作了针对珐琅佛塔的隔震支座，以减缓震感，取得良好测试效果。还有钦安殿防震对策研究。2014年至2016年，故宫博物院委托中国地震局工程力学研究所对钦安殿进行地震安全性分析和防震对策研究。综合考虑安全性、耐久性、方便性等因素，系统研究钦安殿文物地震防护预案，根据其内部不同类型文物指定三种地震防护方案：固定安置法，即采用粘、吸、卡、支等方法，尽可能使地面或供案上的小型陈列文物固定于支撑面上，使其不产生滑移、摇晃或倾覆；隔震法，即采用隔震台座来减弱地震对文物的影响；减震固定法，采用减震缓冲装置加强挂钩、吊链之间的可靠性，以减轻地震时的晃动。

除此之外，还有文物库房防震改造。2013年至2016年，完成了一期地库上层6号器物部陶瓷一级文物库、一期中层2号宫廷部玺印库、二期64号宫廷部佩饰库、器物部西铜器库南库和北库，共5间

雨花阁

库房涉及28000余件文物的密集柜防震改造工作。2017年，完成了二期地库宗教文物组26库、27库和陶瓷组39库、40库共4个库，涉及25497件文物的地面自流平改造工程及文物密集柜的制作、安装，文物囊匣配备招标。

第六个是故宫安全防范新系统。安全防范新系统开展了"平安故宫"工程消防安全评估论证、安防系统改造及监理、端门区域安全防范系统升级改造工程、二期地库配电系统改造、文物定位防盗管理系统建设(采用物联网技术加强安全防范)、午门安检前移、高压消防给水系统改造工程、文物多层防护—加装立体安防喷雾器、观众动态监测—售检票系统建设、票务升级改造、网络售票、故宫博物院观众大数据库建设、售检票系统双线路改造、故宫巡更和警情联动系统、故宫安防报警系统改造工程、视频监控系统（无缝隙加密）工程、立体安防喷雾器处警系统、门禁系统升级改造项目、消防报警系统改造工程、故宫博物院应急指挥平台建设、文物藏品技术防范系统、应急安全防范措施建设等工作。

第七个是院藏文物抢救性科技修复保护项目。西河沿文物保护综合业务用房落成并投入使用，定名为"故宫文物医院"，于2016年12月29日举行了挂牌仪式。故宫文物医院是兼具现代科学分析和传统文物修复技艺的综合性文物修复保护医院。另外，故宫文物医院设立了国际文物修护学会培训中心、中国—希腊文物激光技术联合实验室、古陶瓷保护研究国家文物局重点科研基地、故宫博物院—上海光源联合实验室等国内外文物保护合作项目。2016年初中央电视台3集纪录片《我在故宫修文物》在公众特别是年轻人中引起强烈反响，点击量超200万，全网播放量近亿，取得了不俗的成绩。

2013年至2017年，故宫文物医院购买文物保护专业设备30台（单价10万以上），

开展虫害防治、环境检测与保护研究、古建科技保护、科学分析与检测、文物防震、辐射安全防护等工作。

2013年至2017年共计修复文物3234件，包括木器、镶嵌、漆器、纺织品、陶瓷、青铜、钟表、书画、唐卡等各类文物。2013年抢救性修复符望阁、慈宁宫西暖阁、毓庆宫、钦安殿等处文物598件。2014年，抢救

性修复咸若馆、乾隆花园、寿康宫、三大殿、乾清宫和交泰殿等处文物600件。2015年抢救性保护修复慈宁花园、寿康宫、乾隆花园、毓庆宫等处文物668件。2016年抢救性修复毓庆宫、景福宫、慈宁花园延寿堂等处文物701件（套）。2017年，故宫博物院继续创新推进文物科技修复工作，全年共保护修复文物667件，并开展文物预防性保护工作，完成了地下库房环境检测分析、养心殿环境及虫害监测、院内库房和展厅虫害防治等项工作。

故宫博物院根据各类文物保护修复和研究的实际需求，逐步提高分析设备的使用率，开展了大量金属、陶瓷、玻璃、书画、唐卡、壁画、纺织品、漆器、宝玉石类文物的检测分析工作，为这些在故宫文物医院保护修复的文物提供了全面的"体检"信息，并为保护修复提供科技支撑。由于部分修护项目涉及多门类和多学科，故宫博物院探索使用项目团队式修护管理模式，采用项目负责制，打破固有门类格局，开创新型文物修护模式。

2017年，故宫文物医院走廊完成了展览与展示工作。11月初圆满完成中美两国元首会晤的接待工作。全年故宫文物医院共接待53次参观及媒体参访。

为全面保障"平安故宫"工程的顺利进行，配合"平安故宫"工程建设，2013年以来，故宫博物院在文化遗产保护传承与博物馆建设方面，开展了一些工作。

第一，加强古建筑修缮保护，创新项目模式。

起自2002年的"故宫古建筑整体维修保护项目"至今已经走过了18个年头，通过修缮保护完成的古建筑，或作为展厅，或恢复历史原貌，都已经充分利用起来，服务于广大观众。2015年，随着工程的不断建设，方法的不断探索、理念的不断更新，故宫博物院提出了古建筑修缮"研究性保护项目"的概念，注重"研究"，突出综合项目的性质。

2015年底，按照国家领导的批示精神，故宫博物院总结了之前的经验和教训，提出要突破现有体制的约束，充满历史责任感，加强人才的培养，完成从古建修缮到技艺传承。这以宫殿建筑的代表——养心殿，园林建筑的代表——乾隆花园，宗教建筑的代表——大高玄殿，防御建筑的代表——城墙等四项研究性保护项目为代表。

养心殿研究性保护项目于2015年12月18日启动，明确了"养心殿研究性保护项目"的定位，同时也勾画了"研究性保护项目"的基本模式。创新资金使用模式，养心殿项目所需的2.2亿元资金全部由社会公益人士捐赠；大高玄殿研究性保护项目以故宫博物院为核心、多家高校、科研机构考古文博研究人员共同协作的研究团队，同时，引进考古学的理念，运用以人为主导、数字手段为辅的建筑考古及历史信息记录方法，保存大高玄殿的真实性和完整性，2016年11月8日举行了大高玄殿正脊宝匣安放仪式，并就大高玄殿研究性修缮向媒体做了阶段性成果汇报。2016年11月26日，故宫博物院启动城墙第一期修缮工程。

大高玄殿修缮工程开工仪式

进入2017年，养心殿研究性保护项目继续开展分项研究工作，广泛查阅档案，调研同类建筑，力争全面了解建筑及其各类构件的历史年代及工艺特征，完成"文物建筑调查、评估与保护部分"内容，撰写全套文本近100万字，近2000张图纸。目前，养心殿研究性保护项目按照既定规划进展顺利，预计2020年竣工。故宫西城墙修缮工程2017年1月开工，完成试验段落的拆除及试验性砌筑。

2017年8月，宁寿宫花园（古华轩区、遂初堂区、萃赏楼区）保护维修工程开工，依据研究性保护项目理念在施工期间对该区域进行了施工三维扫描数字化记录。大高玄殿研究性修缮保护工程（一期）竣工。

总之，故宫博物院古建筑修缮以"研究性保护项目"为主导，尝试突破现有材料供应束缚、工匠与研究者聘用障碍，希望能够实现"研究性、预防性"修复为主的科学修复，在专家队伍建设、人才培养、传统技艺保护传承、传统修复材料供应等多个方面，都实现根本性转变，弘扬了故宫"工匠精神"，成为故宫博物院从"古建筑修缮工程"走向"研究性保护项目"的新开端。

第二，保证参观质量，实行分流限流。

2014年始，故宫博物院决心对观众进行分流限流。故宫博物院通过5次咨询会，广泛征求公众意见，不断改进相关措施。2015年6月13日起，故宫博物院开始试行每日限流8万人次及实名制售票措施。经过试行，故宫博物院在安全保障、限流预警及现场管控、观众疏导等各个方面积累了经验，结束了故宫极端大客流的历史，保障了文物、观众的安全及观众参观的舒适性。此外，实名制售票方式也得到了绝大多数观众的理解和支持，为限流工作提供了重要支撑。

伴随着观众限流措施的推进，门票全网预售也提上了日程。2011年9月，故宫博物院开始尝试网络预售门票，而2011年至2014年，全年网络售票仅在2%左右。2015年开始实行限流，全年网络售票为17.33%，2016年占41.14%。

为有效实施全网售票方案，故宫博物院在2017年的提前准备阶段就升级改造了配套系统设施，研发多元购票方式，并提前数月对现场观众进行购票引导，逐步实现将线下购票转化为线上购票。2017 年 7 月，故宫博物院全面推进网络售票，开放网售当日票和现场手机扫码购票，8 月实现网售占比 77%。2017 年 10 月 2 日，首次实现全部网上售票。2017 年 10 月 10 日起，故宫博物院正式实行全网售票，每天 8 万张门票全部网上销售，故宫博物院售票处正式摘牌，现场售票窗口关闭。全网售票意味着故宫博物院实体票退出历史舞台。

第三，消除安全隐患、清理院内环境。

为了消除火灾隐患，建设"平安故宫"，2013 年 5 月 18 日，故宫博物院实行紫禁城内不准吸烟的规定；8 月 15 日开始实行禁止观众携带火种进入故宫博物院的规定。同时，从 2013 年开始，故宫博物院开始拆除院内彩钢房和与古建筑不和谐的临时建筑，截至 2017 年，135 座彩钢房与临时建筑的拆除工作已经完成，这些区域已经还给观众，增加了观众活动空间，同时调整观众服务区域设置，提升服务水平，让观众更有尊严地休息。

2013 年初，故宫博物院开始实行开放区内禁止机动车辆驶入的措施，逐渐得到了外交部门、公安部门的大力支持，包括外国国家元首、政府首脑在内的贵宾，均能够在观众开放区域之外下车，步行进入故宫博物院，使观众安全得到保障，也使世界文化遗产故宫更加拥有尊严。2014 年，故宫博物院对御花园进行景观环境提升，彻底解决了御花园观众拥挤、蹲坐用餐、攀爬假山等状况，整体提升了园内景观效果和参观环境。

2013 至 2017 年，故宫博物院对院内各处堆积的石材、叠放的门窗、闲置的箱柜、散落的织物、淘汰的展柜等进行系统清理，需要妥善保护的部分进行集中保管，将具有利用价值的部分进行合理利用，以此减少安全隐患，提升安全防范能力，维护历史文化景观，同时避免造成文物资源损失。另一方面，通过提升环境清洁标准，实现开放区的地上没有纸屑、烟头、矿泉水瓶等丢弃物。通过加大日常维护力度，逐步改造院内的水泥和沥青地面，逐片修缮斑驳脱落的古建筑墙面，不断清除古建筑屋顶上的杂草，使环境氛围更具历史文化气息。故宫博物院还根据院容环境提升整体规划开展了路面铺设、线缆整治、井盖更新等工作，种植海棠、紫薇、丁香、碧桃等3000余株，使观众徜徉在紫禁城中，得到美的享受。

第四，扩大开放范围、提升展览质量。

2013年以来，故宫博物院不断扩大对观众的开放区域，增加展示空间，使观众获得更舒适的参观环境，从而缓解人流压力。2015年，适逢故宫博物院90年院庆，宝蕴楼、慈宁宫—寿康宫区域、午门—雁翅楼区域、东华门区域等四大区域对外开放，"普天同庆——清代万寿盛典展""清淡含蓄——故宫博物院汝窑瓷器展"等18项展览陆续开幕，雕塑馆、古建筑馆、数字馆等一系列专馆开放，故宫博物院开放面积由52%增至65%。

2016年，故宫博物院继续扩大开放面积，新开放西部断虹桥至慈宁宫区域，将两处之间的南北向通道打开，首次向公众开放断虹

宝蕴楼修缮保护工程开工仪式

桥、十八槐古迹。建于清乾隆年间的冰窖变身为故宫西部区域的观众服务区，在充分尊重古建筑现存状况的前提下，结合冰窖的建筑特色进行完全可逆的环境改造提升。观众在休息和享受优质服务的同时，还可对古代宫廷的避暑方法和冰窖承载的文化内涵有所了解。2017年，畅音阁改造完成，古戏楼地下室首次开放，畅音阁成为大型接待活动的重要场所。截至2017年底，故宫博物院的开放面积已经达到80%左右。

随着开放面积的扩大，展览数量与质量也在提升，5年来举办了诸多精品展览。2016年，故宫博物院举办"梵天东土并蒂莲华：公元400—700年印度与中国雕塑艺术大展""明代御窑瓷器——景德镇御窑遗址出土与故宫博物院藏传世成化瓷器对比展"等10项高质量展览并且在中轴线六大宫殿进行了室内照明，满足保护文物和优化参观效果的双重要求。2017年，举办了"紫禁城与'海上丝绸之路'"展、"浴火重光——来自阿富汗国家博物馆的宝藏"展等20余个临时展览引发观展热潮。

其中，2015年举办的"石渠宝笈特展"

"紫禁城与海上丝绸之路"展

单霁翔带你走进故宫
宫殿漫步

代后记 "平安故宫"保平安

"紫禁城与海上丝绸之路"展的展品

和 2017 年举办的"千里江山——历代青绿山水画特展"成为现象级大展。"石渠宝笈特展"共吸引约 17 万名观众争相观展。展览期间，出现了观众争相竞跑的"故宫跑"现象。武英殿书画馆呈现观展盛况，武英门外观展队伍蜿蜒数百米。两年后，"千里江山——历代青绿山水画特展"再次成为文化热门话题。故宫博物院为保证观众参观质量，创新模式，实行每天分时段发号的措施，赢得了良好的效果和社会反响。

第五，增强国际交流，传播故宫文化。

2015 年，故宫博物院主办"紫禁城论坛"，搭建起国际博物馆大家庭平等对话的舞台，33 位国内外著名博物馆馆长及来宾围绕"博物馆的传统职能及未来使命"这一主题深入交流，审议通过并发布了以"和谐互动、共享文化"为主题的《紫禁城宣言》，故宫博物院同世界著名博物馆建立了长期稳定的合作关系，展示了国家级博物馆的良好形象，增强中华文化的影响力、感召力。2016 年，举办首届"世界古代文明保护论坛"，与 8 个文明古国，70 位中外代表联合探讨人类文明可持续传承的有效途径，并共同发起了《太和宣言》。2017 年，故宫博物院再次举办世界古代文明保护论坛，与会的文明古国从 8 个增加至 21 个，保护世界文明多样性的朋友圈不断扩大。故宫文物保护理论及实践经验为与会代表们所热议和肯定。

2017 年，故宫博物院还与腾讯集团合作举办主题为"传统文化×未来想象"的"文化+科技"国际论坛，邀请国内外知名博物馆负责人、高等院校学者，联合国教科文组织驻华代表处、国际博物馆协会等机构代表，腾讯集团、英特尔、谷歌等互联网公司负责人进行学术研讨、业界交流和成果展示，为传统文化的数字化保护、研究、展示，提供具有国际性和前瞻性的理论支撑和应用途径，推动传统文化的传承与发展。

第六，建设故宫学院，培养文物博物馆人才。

2013 年故宫学院成立以来，面向故宫博物院自身、文物博物馆行业以及社会和国际持续开展培训教育工作，面向院内员工举办满文高级培训班、藏文高级培训班，承办原文化部、国家文物局、地方市级文物局等单位委托的培训班若干，涉及明清瓷器鉴定、古建筑装饰表面涂层保护、博物馆管理、中美博物馆策展等主题，学员近200人，在为国内文物博物馆界加快培养专业人才和新型管理人才方面成绩出色。故宫学院也在景德镇、西安、深圳、徽州、上海等十地成立分院，"故宫讲坛"也随之落户十地，加上北京、苏州，"故宫讲坛"已面向公众举办200余场讲座，产生积极有益的社会影响。

在传统修缮技艺的传承上，针对养心殿研究性保护项目，开展官式古建筑营造技艺木作、瓦作、石作、油作、画作工匠选拔及培训，这些传统技艺还走进多所校园，作为一门专业必修课程，并在2017（上海）国际建筑遗产保护与修复博览会等亮相。

在国际上，国际博物馆协会培训中心和国际文物修护学会培训中心在故宫博物院成立。国际博物馆协会培训中心几年来共举办十余期培训班，参加培训的学员已经覆盖世界70余个国家和中国20余个省份。国际文物修护学会培训中心以传播文物科技保护专业知识，尤其重点培训亚太地区新兴国家的文物保护人才，以探讨及解决业内共同面对的文物保护议题，鼓励文化遗产保护工作的进一步合作。凭借国际视野、专业团队、高质量的培训内容和多样化的课程形式，故宫博物院所设立的两大国际培训中心在世界博物馆界获得了一致好评。

附录 紫禁城建筑大事记

时间	事项
明永乐四年（1406年）闰七月	永乐皇帝下诏永乐五年五月建造北京宫殿。
明永乐十八年（1420年）十一月	宫殿竣工。
明永乐十九年（1421年）元旦	宫殿正式使用。
明永乐十九年（1421年）四月	奉天（今太和）、华盖（今中和）、谨身（今保和）三大殿毁于火。
明永乐二十年（1422年）闰十二月	乾清宫毁于火。
明正统五年（1440年）三月	奉天、华盖、谨身三殿和乾清、坤宁两宫竣工。
明正统十四年（1449年）十二月	文渊阁发生火灾。
明正德九年（1514年）正月	赏灯放烟花，乾清、坤宁两宫毁于火。
明正德十四年（1519年）八月	重建乾清宫、坤宁宫。
明嘉靖四年（1525年）三月	仁寿宫发生火灾。
明嘉靖四年（1525年）八月	修建仁寿宫。

时间	事项
明嘉靖十四年（1535年）	重建未央宫，并改东西六宫宫名，东六宫长安宫改为景仁宫，永宁宫改为承乾宫，咸阳宫改为钟粹宫，长寿宫改为延祺宫（今延禧宫），永安宫改为永和宫，长阳宫改为景阳宫；西六宫长乐宫改为毓德宫（今永寿宫），万安宫改为翊坤宫，寿昌宫改为储秀宫，未央宫改为启祥宫（今太极殿），长春宫改为永宁宫（后恢复长春宫），寿安宫为咸福宫。修建钦安殿以祀真武大帝。咸熙宫改为咸安宫。
明嘉靖十五年（1536年）四月	建慈庆宫、慈宁宫为皇太后宫。
明嘉靖十六年（1537年）六月	新建养心殿竣工。
明嘉靖三十六年（1557年）四月	外朝奉天、华盖、谨身三殿，文楼（今体仁阁）、武楼（今弘义阁）两楼，奉天（今太和）、左顺（今协和）、右顺（今熙和）、午门等十五门全部毁于火。
明嘉靖三十六年（1557年）十月	嘉靖皇帝亲告大高玄殿，兴工重建奉天等殿，及奉天、午门等门。
明嘉靖三十七年（1558年）六月	午门、奉天门及周围庑房、门等竣工。奉天门更名大朝门。
明嘉靖四十一年（1562年）九月	三大殿及周围建筑竣工，嘉靖皇帝下旨更改殿名。改奉天殿为皇极殿（今太和殿），华盖殿为中极殿（今中和殿），谨身殿为建极殿（今保和殿），文楼曰文昭阁（今体仁阁），武楼曰武成阁（今弘义阁），奉天门曰皇极门（今太和门），东角门曰弘政（今昭德门），西角门曰宣治门（今贞度门），左顺门曰会极门（今协和门），右顺门曰归极门（今熙和门）。
明万历十一年（1583年）二月	修武英殿，同年八月竣工。
明万历十一年（1583年）九月	修宫后苑，建堆秀山、御景亭、东西鱼池、浮碧亭、澄瑞亭及清望阁、金香亭、玉翠亭、乐志斋、曲流馆。
明万历二十四年（1596年）三月	乾清宫、坤宁宫被焚。
明万历二十五年（1597年）正月	重建乾清宫、坤宁宫。
明万历二十五年（1597年）六月	三大殿发生火灾，火起归极门（今协和门），周围廊门庑房尽焚。
明万历二十六年（1598年）七月	乾清宫、坤宁宫竣工。
明万历四十三年（1615年）闰八月	重建三大殿。

时间	事项
明天启七年（1627年）八月	三大殿及门庑等工程陆续建成。
清顺治二年（1645年）五月	重修乾清宫。改紫禁城外朝三大殿及各门楼额名。皇极殿改称太和殿、中极殿改称中和殿、建极殿改称保和殿，皇极门改称太和门、会极门改名协和门，归极门改名雍和门，文昭阁改称体仁阁，武成阁改称弘义阁。
清顺治十年（1653年）	重修慈宁宫为皇太后居所。
清顺治十二年（1655年）	重修内廷乾清宫、交泰殿、坤宁宫，东六宫之景仁宫、承乾宫、钟粹宫；西六宫之永寿宫、翊坤宫、储秀宫。
清顺治十四年（1657年）	重修奉先殿。
清康熙八年（1669年）	重修太和殿、乾清宫。
清康熙十八年（1679年）	太和殿毁于火灾。建太子宫，正殿为惇本殿，殿之后为建毓庆宫。
清康熙二十二年（1683年）	依旧制重建文华殿。重修启祥宫。
清康熙二十四年（1685年）	于文华殿东建传心殿。
清康熙二十五年（1686年）	重修延禧宫、景阳宫。
清康熙三十四年（1695年）	重建太和殿。
清康熙三十七年（1698年）	太和殿竣工。
清雍正四年（1726年）	添建城隍庙，位于紫禁城内西北隅。
清雍正九年（1731年）	建斋宫。
清雍正十三年（1735年）	于慈宁宫西侧添建寿康宫。
清乾隆元年（1736年）	寿康宫工程竣工，皇太后入住。
清乾隆十一年（1746年）	改撷芳殿为三所（即南三所），供皇子居住。
清乾隆十二年（1747年）	南三所竣工。乾清门外内左门、内右门东西各建南向值庐十二间，东为九卿房，西为军机处值房。
清乾隆十五年（1750年）	建雨花阁。
清乾隆十六年（1751年）	为皇太后庆寿，修葺咸安宫，并改名寿安宫。又重修慈宁宫。

时间	事项
清乾隆二十六年（1761年）	重修保和殿后上、中、下三层御路。
清乾隆二十八年（1763年）	修理保和殿、中和殿、太和殿后檐、栏板、望柱等工程。
清乾隆三十年（1765年）	重修太和殿、保和殿、中和殿。慈宁宫花园添建慈荫楼、吉云楼、宝相楼。
清乾隆三十二年（1767年）	慈宁宫由单檐改建为重檐大殿。
清乾隆三十六年（1771年）	改建宁寿宫，作为太上皇宫殿。
清乾隆三十九年（1774年）	诏建文渊阁，专贮《四库全书》。
清乾隆四十一年（1776年）	宁寿宫一区改建竣工。
清乾隆四十八年（1783年）	体仁阁毁于火，当年重建。
清嘉庆二年（1797年）	乾清宫火灾，延烧交泰殿、弘德殿、昭仁殿，同年改建，次年竣工。
清道光二十五年（1845年）	东六宫中的延禧宫毁于火，共烧房间二十五间，未再建。
清咸丰八年（1858年）	千秋亭及九间房毁于火。三月五日，景运门内五间房及井亭毁于火。
清咸丰九年（1859年）	拆西六宫中的长春门，连通长春宫、启祥宫院。五月，重建景运门内五间房及井亭。
清同治八年（1869年）	武英殿火灾延烧房屋三十余间，当年重建。
清同治十一年（1872年）	重建千秋亭。
清光绪十年（1884年）	重修储秀宫，拆除储秀门，连通储秀宫、翊坤宫院。
清光绪十四年（1888年）	贞度门火灾，延烧太和门、昭德门。
清光绪二十七年（1901年）	武英殿火灾。
清光绪二十九年（1903年）	重建武英殿，四年后完工。
清宣统元年（1909年）	在延禧宫遗址上建灵沼轩，宣统三年尚未完成。后停建。
1914年	建宝蕴楼
1923年	建福宫花园毁于火，延烧中正殿、香云亭、淡远楼。

图书在版编目（CIP）数据

单霁翔带你走进故宫．宫殿漫步 / 单霁翔著；周高亮摄影．－－北京：故宫出版社，2020.12（2021.4重印）
ISBN 978-7-5134-1338-1

Ⅰ．①单… Ⅱ．①单… ②周… Ⅲ．①故宫－宫殿－介绍－北京 Ⅳ．① K928.74

中国版本图书馆 CIP 数据核字 (2020) 第 163254 号

单霁翔带你走进故宫　宫殿漫步

单霁翔　著

周高亮　摄影

出　版　人：	王亚民
责任编辑：	徐　海　程　鹃
装帧设计：	赵　谦
供　　　图：	故宫博物院资料信息部
责任印制：	常晓辉　顾从辉
联合出品：	故宫出版社
	康师傅控股有限公司
出版发行：	故宫出版社
	地址：北京市东城区景山前街4号　邮编：100009
	电话：010-85007800　85007817　邮箱：ggcb@culturefc.cn
印　　　刷：	北京雅昌艺术印刷有限公司
开　　　本：	787毫米×1092毫米　1/16
印　　　张：	17.75
字　　　数：	230千字
图　　　数：	378幅
版　　　次：	2020年12月第1版
	2021年4月第2次印刷
印　　　数：	10,001～52,000册
书　　　号：	ISBN 978-7-5134-1338-1
定　　　价：	96.00元